Retomando a Sua Família

Por Brenda Lancaster

Apresentação da autora

Este descontraído estudo da Palavra de Deus, dividido em treze semanas, ajudará a preparar mulheres de todas as idades a serem as mulheres, esposas, e mães que elas pretendem ser. A autora Brenda Lancaster convida as mulheres a separarem um tempo do corre-corre de suas vidas e aprenderem como aplicar verdades divinas de uma maneira prática.

O estudo encoraja a leitura bíblica diária, provoca perguntas pensantes, e uma introspecção nas passagens bíblicas escritas especialmente para mulheres. As lições de casa (meditações e exercícios práticos) são uma garantia de que você não ficará entediada!

Uma palavra do seu pastor, Rev. Jake Thornhill Jr., Greensboro, NC, EUA: "Nos últimos 19 anos, Brenda tem compartilhado as lições que Deus lhe ensinou enquanto lutava para ser a mulher que Deus queria que ela fosse. Como membro da Life Community Church (Igreja de Vida Comunitária, antes conhecida como Igreja Batista de Hunter Hills), ela tem servido com entusiasmo como coordenadora de Estudos Bíblicos, professora de Escola Dominical e uma variedade de posições de liderança no Ministério de Mulheres. Depois de atender a um chamado específico de Deus para sua vida, ela fundou o Zookeepers (Encarregados de Zoológico), um ministério baseado em Tito 2, dedicado a ensinar e ministrar a jovens mulheres. Ela trabalha em parceria e ensina no Ministério de Vida Renovada e nas Conferências do Ministério Center Cross Creative na área de liderança e treinamento de discipulado. Em 2003 Brenda participou como aluna da conferência "Ela fala", promovida pelo Ministério Provérbios 31. Desde 1999, Brenda tem sido preletora convidada em várias conferências de mulheres, acampamentos e eventos especiais.

Como amigo e pastor de Brenda Lancaster, é com grande alegria que recomendo Brenda como escritora talentosa, professora criativa e preletora cativante que mostra a verdade escondida no fogo da vida cotidiana de uma maneira bem humorada, relevante e memorável. Conheço Brenda há muitos anos e vejo nela uma boa mensageira de tudo que Deus lhe dá, uma serva fiel que está determinada a construir o Reino de Deus, e uma séria ganhadora de almas, compartilhando sua fé e liderando muitos a um relacionamento pessoal com Jesus Cristo. Brenda é membro ativo e fiel da Igreja Life Community. Deus lhe deu um estudo único e muito efetivo que não foi oferecido somente aqui. Foi um dos estudos bíblicos mais efetivos, acarretando a maior mudança de vida experimentada pelas mulheres. Lá não havia somente entusiasmo, alegria, e uma platéia recorde, mas numerosos testemunhos de mudança de vida pelo poder de Jesus Cristo. Brenda tem encorajado, inspirado e direcionado muitas jovens meninas de nossa igreja através de pequenos grupos de estudo bíblico, seminários, e vários ministérios com meninas. Eu recomendo Brenda e o ministério que Deus lhe deu. Ela honrará a nosso Senhor e construirá Seu Reino."

Dr. Michael K. Moore, fundador do Life Renew Ministries, Kure Beach, NC diz: "Brenda Lancaster tem produzido materiais profundos, lúcidos, marcantes e perspicazes para famílias e em particular, para mulheres. Seus ensinamentos são bíblicos, relevantes e altamente necessários para as famílias de hoje. Não somente toda mulher, mãe, marido, ou pai deve estudar o material de Brenda, mas também todo pastor deve fazê- lo. O ministério de um pastor seria muito mais rico, se ele pregasse o conteúdo desses guias de estudo ao seu povo. Este ensinamento para a família e vida feminina não se assemelha com o que está no mercado hoje. Não é somente uma enxurrada de sentimentos, é um alimento bíblico sólido com profundidade espiritual, é um dos melhores materiais sobre o assunto que já vi nesses 40 anos de ministério."

Dedicatória

Este livro é dedicado aos meus pais:

C.B. e Lois McDaniel

Obrigada mãe e pai por me educarem
em um lar estável e amável;
Peço a Deus que o exemplo de união de vocês
como uma equipe seja uma inspiração
para outros como tem sido para mim.

e

À minha maravilhosa sogra

Frances Lancaster

Obrigada por ser um exemplo brilhante
como mãe de oração, e por incluir-me
nessas orações nos últimos 39 anos.

Índice

Semana 1 - **As Estações da Vida** - Você não pode ser tudo para todos..................7

Semana 2 - **Onde está o meu Cavaleiro com Armadura Brilhante?** - Você não está mais sozinha!..................24

Semana 3 - **Filhos Lambuzados e Mães Esmigalhadas** - Senhor, tem de ser tão difícil?..........43

Semana 4 - **Lembra quando Vocês se Conheceram?** - Amando o seu marido – Parte 1..........60

Semana 5 - **Como Você pode Amá-lo mesmo Contra os seus Sentimentos?** - Amando o seu marido – Parte 2..................73

Semana 6 - **Obaa!! Está Esquentando...** - Amando o seu marido – Parte 3..................87

Semana 7 – **Amor de Mãe não tem Igual!** - Amando os seus filhos – Parte 1..................105

Semana 8 - **A Linguagem de Amor que o seu Filho vai Entender** - Amando os seus filhos - Parte 2..................118

Semana 9 - **Rir para não Chorar** - Estabelecendo o seu equilíbrio emocional..................133

Semana 10 - **Vivendo a Vida Louca!** - Pureza sexual é importante?..................144

Semana 11 - **Pastando no Tapete para Achar um Lanche** - Você é chamada para ser uma executiva de alto padrão..................161

Semana 12 - **Senhor, Sou tão Esperta quanto Ele, por que Ele tem que Ser o Chefe?** - Submissa a quem??..................171

Declaração de Missão..................188

Semana 1
As Estações da Vida

Você não pode ser tudo para todos

Eu não sei como é para você, mas para mim, a vida às vezes é tão caótica que eu me sinto como se estivesse vivendo no meio de um zoológico, um tumultuoso zoológico barulhento, bagunçado e malcheiroso. A maioria dos dias são tão cheios de uma corrida de pânico e bagunça que ao fim do dia me encontro prostrada no tapete com a língua pendurada! Por falar em tapete, eu ainda me lembro de muitas vezes durante a minha existência no zoológico em que meus pequeninos podiam pastar pelo tapete para achar um lanche. As preciosas mães de nossos netos dizem que elas entendem esse dilema! Tenho certeza que você entende também!

Por anos acreditei que a etapa seguinte da vida seria menos complicada e caótica que a última, mas percebo que cada etapa da vida tem seu próprio conjunto de desafios esmagadores. Passando por todos eles, meu cabelo castanho tornou-se grisalho (não conte ao meu marido, ele não sabe ainda), e em certos momentos eles já caíram, eu acho que, por serem puxados! As pequenas linhas enrugadas nos cantos de meus olhos têm passado de minis à grandes crateras e eu percebi que certas partes de meu corpo não estão mais onde Deus as colocou, estão caindo para o sul, se é que você me entende. Enquanto o tempo voa, eu não consigo evitar de pensar que a vida supostamente deveria caminhar mais lentamente, você sabe, para chegar ao ponto onde finalmente eu tivesse tempo para cheirar as rosas. Do jeito que as coisas caminham, "as minhas companheiras narinas" estarão sem olfato quando chegar o momento de poder usá-las.

E você? Dias frequentes de caos intermináveis fazem você simplesmente querer gritar: "Preciso sumir, preciso relaxar!" Eu certamente tenho dias como esse. De fato, este livro iniciou-se devido a um dia caótico no verão de 1975.

Eu era uma jovem mãe de três garotinhos morando em Florence, Carolina do Sul. Meu marido "gatão" estava frequentando a faculdade e trabalhando em tempo integral para sustentar nossa família. Ele fazia o que podia, mas tinha pouquíssimo tempo para me ajudar com os pequenos (Por falar nisso, ele continua sendo um "gato" e agora ele ajuda com os "netinhos").

A vida era um furacão. Não tínhamos nenhum parente morando perto. Então, minha única fonte de ajuda era uma amiga, outra jovem mãe que estava na mesma situação que eu. Nos tornamos grandes amigas por causa da necessidade, mas depois percebemos que a nossa grande amizade nasceu do nosso Criador. Ajudávamos uma à outra em tudo. Somos ainda muito próximas até hoje.

Para nós, a vida parecia ser uma grande lista de tarefas "por fazer" que nos levava ao extremo de nossas forças. Logicamente tínhamos as tarefas cotidianas: limpar, cozinhar, lavar, incumbências a serem feitas, maridos para agradar (i.e. amor a fazer), filhos para correr atrás, narizes e bumbuns para limpar, pronto - socorros para visitar, carros para lavar, ministérios para conduzir, grupos a encontrar, macaquinhos para educar... E que tarefas grandes, estas!

E para somar a tudo isso, haviam aqueles tempos difíceis, quando o orçamento familiar era de apenas doze dólares para comprar alimento por duas semanas para cinco pessoas. Então o desafio incluía um projeto para ganhar dinheiro, como por exemplo fazer artesanato, vender coisa usada, ou arranjar um emprego fora de casa (Como se uma mãe de três já não tivesse trabalho suficiente dentro de casa!).

Em meio aos desafios comuns, havia os gigantescos, como o período em que Cheryl e Bill perderam seu precioso bebê no mesmo dia em que nasceu. Como você vence esses períodos quando o zoológico ao seu redor se torna uma grande nódoa e a dor é tão grande que honestamente não sabe se sobreviverá até o dia seguinte?

Mas, através de tudo isso, Cheryl e eu aprendemos uma coisa importante: nós podíamos sobreviver, nós podíamos fazer o que tínhamos que fazer. Veja: nós tínhamos uma ajuda que não entendíamos naquele momento. O entendimento veio depois, mas veio a tempo de ser transmitido a você.

Eu ainda me lembro de cada detalhe do dia em que comecei a aprender esta lição. Havia sido um dia extremamente frustrante. Você conhece o tipo. Você já está exausta às 10 horas da manhã.

Eu havia realmente tentado iniciar o dia da maneira certa, com o meu devocional, mas os pequeninos haviam acordado com um alto estrondo uma hora mais cedo. Tentei driblar a situação. Separei a roupa suja, arrumei a metade das camas, dei-lhes o café da manhã e tentei colocá-los em algum tipo de atividade que os mantivesse alegres. Não era fácil ser mãe de três garotos, todos abaixo de sete anos. Eu havia sido criada como filha única, então minha experiência anterior com homenzinhos (e isto é exatamente o que eles são) era mínima.

Não me lembro exatamente o que causou a confusão naquele dia, mas antes do horário do almoço já me achava em pé na pequena cozinha daquela casa de 90 metros quadrados, com meu humor totalmente acabado. Aos meus pés estavam sentados aqueles "três anjinhos", olhando diretamente para mim, gritando com toda a força de seus pulmões! Senti-me tão desesperada naquele momento, que não tinha ideia do que fazer.

Finalmente, em desespero, fiz a única coisa que sabia fazer naquele momento: comecei a fazer birra juntamente com eles! Instantaneamente os garotos pararam com o choro e olharam para a "mama" com seus olhos grandes e redondos (e secos, devo acrescentar).

O acesso de birra deles parou, mas o acesso de birra da mãe deles não. Eu era muito jovem e não entendia a razão pela qual não deveria ter um acesso de birra com Deus.

"Senhor", eu clamei, "Eu quero ser o tipo certo de mãe e esposa, eu simplesmente não sei como! Eu não sei o que Tu queres de mim! Eu tento, mas preciso de ajuda. Preciso de alguém que me ensine o que Tu queres de mim e como fazer isso, seja lá o que for!"

Aumentando ainda mais a minha birra, bati o pé e clamei ainda mais alto: "E quando me tornar uma senhora idosa não me deixe esquecer isso, me ajude a estar disposta a ensinar jovens mulheres o que ninguém me ensinou agora!"

Semana 1: As Estações da Vida

Eu não consigo evitar de me questionar de onde eu havia conseguido tirar essa última declaração.

Em Seu amor e misericórdia, o Senhor não mandou um ferrolho aceso para me consertar, mas Ele gradualmente me mandou os professores pelos quais eu havia clamado. Um dia de cada vez, o Senhor assegurou-Se de que eu fosse ensinada. O Senhor enviou-me o que eu precisava quando eu necessitava.

Esqueci aquele acesso de birra, nunca pensei novamente sobre ele até setembro de 2001, no retiro de mulheres de nossa igreja. Enquanto estava orando e lendo em nosso período de devocional diário, pensei ter ouvido alguém me chamar dizendo: "É tempo". Olhei ao redor e não havia ninguém ali. Olhei no meu relógio e pensei: "Não é hora para a primeira palestra ainda".

Novamente, enquanto recomecei a orar, escutei em meu coração: "É tempo....". Naquele exato momento, a cena naquela pequena cozinha, 26 anos atrás, passou diante dos meus olhos em câmara lenta. Lembrei-me pronunciando... Cada promessa que havia feito, uma vez em meu coração escutei as palavras: "É tempo".

Fui inundada pela emoção, desta vez uma compreensão completa do que eu precisava fazer substituiu o desespero que havia sentido naquela vez, há tantos anos. Nesse momento, em meio a todos os meus sentimentos de dúvida e inadequação, sabia, com absoluta certeza, que era tempo de compartilhar, de manter as promessas que havia feito naquele dia tão significativo.

É sobre isso que este livro fala. É sobre compartilhar as respostas com as quais Deus tem ricamente me abençoado desde aquele dia na cozinha. No fim, Deus teve as respostas para cada uma das lutas que experimentei no zoológico. Sou eu digna de ensinar-lhe? Absolutamente não, mas eu posso mostrar a você Aquele que é digno. Sou eu qualificada ou equipada? Pelos padrões do mundo, provavelmente não, já que não tenho uma longa lista de títulos.

Mas posso lhe contar como fui qualificada: Eu já estive onde você está, tive a maioria dos problemas que você agora tem, e tenho passado por esses desafios com vitória abundante. Como? A razão é simples: Deus era e é capaz para lidar com meu zoológico, e com o seu também. Eu sou um testemunho vivo que Deus é real e que intervém na vida das mulheres. Ele pode lhe dar vitória também se você quiser que Ele o faça. Deus me encontrou na cozinha, bem onde eu estava, com acesso de birra e tudo.

Isso é exatamente o que Ele quer fazer com você: encontrá-la em qualquer que seja o lugar agora, nesse exato momento. Este livro é sobre encontrá-la onde você está, e não onde você ou outra pessoa pensa que deveria estar.

Ponha para trás toda culpa, fadiga, os fracassos do passado, as ocupações que roubam a alegria da sua vida. Coloque para trás de você, principalmente, todos os "Eu não posso" e "Você não pode" que têm atormentado sua mente e memória. Tudo que você precisa lembrar é que "Você pode". Melhor ainda, entenda que Deus pode, e lhe dará as respostas, o alívio, a paz e a alegria que você procura.

Para aquelas que nunca leram um livro onde foi pedido que procurassem versículos bíblicos, relaxem! Não se preocupem, usem o índice do começo de qualquer Bíblia para achar sua referência. Talvez você seja cética sobre a Bíblia. Só peço que você não tenha preconceitos, e olhe para você mesma e veja de onde veio a verdade que eu aprendi, porque é de lá que veio a minha vitória. Presumo que vitória seja o que você está procurando também.

Semana 1: As Estações da Vida

Comprometa-se a participar das lições de casa (meditação e exercícios práticos) porque elas certamente adicionarão tempero à sua vida! Você e seu esposo com certeza apreciarão as tarefas "da vida noturna" na sexta lição. Você está pronta para ser liberta? Se não, fique pronta! Este livro poderá fazê-la rir, talvez a faça chorar, mas você certamente não ficará entediada!

Semana 1: As Estações da Vida

VOZES DAS ÉPOCAS DA VIDA
ECLESIASTES 3:1-8

1. Sei o que quero ser quando crescer? Uma médica. Não, uma advogada. Eu sei, uma professora. Melhor ainda: eu serei uma estrela de cinema!
2. Mal posso esperar até crescer! Então ninguém poderá me dizer o que devo fazer.
3. Até que enfim! Estou sozinha agora, ninguém para me dar ordens!
4. Com certeza há um pouco de solidão. Hum, quem é aquele "gato" 100% homem?
5. Esses preparativos para o casamento estão me deixando maluca! Mal posso esperar até que a cerimônia termine!
6. Esse bebê acordou a cada duas horas na noite passada. Mal posso esperar para ter uma boa noite de sono.
7. Amamentação! Às vezes me sinto apenas como uma fonte de alimentação!
8. Essas fraldas são caras. Espero que ela aprenda a usar o pinico logo!
9. Lição de casa! Esses professores não sabem que eu não tenho duas horas por noite para fazer isso?
10. Quanta bagunça esses meninos fazem! Mal posso esperar para que eles sejam grandes o suficiente para limpar o próprio leite derramado.
11. Pequena Liga de Futebol. Beisebol. Garotas escoteiras. Academia. Aulas de dança. Tudo em um mesmo dia! Não passo de uma motorista de táxi!
12. Brigas! Parece que as crianças só sabem brigar! Vocês não podem agir como adultos de vez em quando?
13. Adolescentes! Música alta. Que atitudes! Até quando terei que lidar com isso?
14. As crianças se foram. Somos eu e Bill agora. Sobre o que conversaremos?
15. Pôxa! Esta casa está solitária. Com certeza sinto saudade da bagunça, do barulho, e até mesmo das brigas.
16. Por que as crianças não telefonam? Acho que não sou necessária para mais ninguém!
17. Bem, agora estou realmente sozinha. Bill foi estar com o Senhor sem mim. O que farei de minha vida agora?
18. Quem no mundo precisará de uma idosa como eu?

Semana 1: As Estações da Vida

DIA 1 - MEDITAÇÃO
VAMOS COMEÇAR DEVAGAR, MENINAS!

Leia Eclesiastes 3:1-15.

Ok, meninas, vamos fazer do dia 1 um dia fácil. Esses versos em Eclesiastes servem como um tremendo encorajamento para nós a cada dia de nossas vidas, não importa o que você esteja passando agora, pois nos ensinam que há um tempo para tudo.

Deus nos diz nesta passagem que nesta vida teremos diferentes épocas ou estações (i.e. "seasons").

O que você acha que a palavra estações se refere?

_____

Em algumas partes do mundo, o clima permanece o mesmo durante todo o ano, mas na Carolina do Norte nós experimentamos diferenças em cada uma das estações. Onde você mora, que mudanças visíveis e invisíveis você nota no clima quando trocam as estações? O que você gosta mais em cada estação? Inclua algumas coisas que você mais aprecia fazer em cada estação.

Primavera:_____

Verão:_____

Outono:_____

Inverno:_____

Assim como há estações em nosso clima, há estações em nossa vida. Só acharemos algo para apreciar em cada estação se escutarmos o Senhor e aprendermos quais são os Seus propósitos maiores. Perceba também que nós só experimentamos uma estação por vez. Como não temos neve no verão, não gastamos tempo colocando botas e tentando remover neve de nossa calçada. Mesmo assim, as vezes nós mulheres colocamos enormes pressões sobre nós mesmas, tentando realizar tarefas de todas as estações da vida ao mesmo tempo.

Medite em sua vida por um momento. Você alguma vez se pega bem estressada tentando fazer todas as coisas para todas as pessoas? Você sente que não consegue fazer o suficiente, não importa o quanto você tente?
Se sim, dê alguns exemplos.

_____

_____

_____

_____

Gaste algum tempo em oração com Deus e peça a ajuda Dele enquanto você tenta descobrir quais as responsabilidades que Ele lhe deu nessa época de sua vida. Quais são elas?

_____
_____
_____
_____
_____

Lembre-se que para tudo há uma estação.

DIA 1 - EXERCÍCIO PRÁTICO

Podemos estudar a Palavra de Deus e pedir a ajuda e a direção Dele para nossas vidas, mas enquanto não colocarmos ativamente em prática o que aprendemos, não cresceremos no Senhor; apenas ficaremos "gordas" com conhecimento que não produzirá um propósito real. Com esse pensamento em mente, teremos uma lição de casa diferente todos os dias. Algumas serão sérias, outras extravagantes e divertidas, mas todas serão lucrativas para nosso crescimento no Senhor.

Ache um canto em algum lugar de sua casa onde você possa arrumar uma área de estudo, só para você. Não tem que ser grande ou elegante. Pode até ser uma grande caixa de papelão com uma toalha de mesa colocada sobre ela. Este espaço deve ser seu e somente seu. Não é permitido a ninguém tocar nesse espaço a não ser você. Se as crianças o invadirem, então virá a sua estação de "guerrear". Este tem que ser o local onde você irá durante o dia para captar fragmentos da Palavra de Deus.

Ruth Graham uma vez disse que esta foi a única maneira que ela encontrou de achar tempo para estudar a Bíblia quando seus filhos eram crianças. Funcionou na vida dela para mantê-la focalizada em Deus e seu caminho durante seu dia frenético.

Parece que serviu para ela. Penso que servirá para nós também, se persistirmos em fazê-lo.

Boa caçada!

Semana 1: As Estações da Vida

DIA 2 - MEDITAÇÃO
FIQUE PRONTA PARA O SAFÁRI

Leia Eclesiastes 3:1-8 novamente. As estações das quais Eclesiastes fala são os diferentes estágios da vida pelos quais todas passamos e as tarefas pelas quais somos responsáveis durante cada um desses estágios. Obviamente, uma jovem esposa e mãe tem tarefas diferentes das de uma avó ou uma bisavó. Deus está dizendo que temos que focalizar nossa atenção nas tarefas relacionadas com a estação de vida que estamos vivenciando.

Há estações quando nós como mulheres buscamos uma carreira, livres de outras responsabilidades, se assim escolhermos.

Todas temos a estação de sermos bebês, depois crianças, adolescentes, jovens adultas, e adultas mais velhas. Temos uma estação para planejarmos casar, uma estação para casarmos, e para algumas, uma estação para lembrarmos de quando éramos casadas.

Temos uma estação para sustentarmos os filhos e uma estação quando não precisamos mais sustentá-los. Há uma estação para nos concentrarmos na educação deles e servi-los, assim como nossa mãe fez por nós quando éramos pequenos. Então, chega a estação onde devemos deixá-los seguir sozinhos, dando-nos uma nova liberdade para buscarmos aquilo que Deus tem planejado para nós a seguir. Tenha certeza disso: Deus não planeja que nossos filhos sejam nossos por toda a vida. Nosso tempo de cuidar e educá-los é somente parte do grande plano Dele para as nossas vidas.

Há uma estação quando nós ou um membro de nossa família passa por problemas de saúde, o que requer uma grande quantidade de tempo e atenção. Durante esses períodos, não precisamos nos sentir culpadas porque não conseguimos fazer todas as coisas que estávamos acostumadas a fazer por outras pessoas. Deus conhece nossa estação. Ele a permite em nossa vida e tem um propósito para ela.

Você consegue pensar numa época em que se sentiu culpada por ter que passar tempo em uma situação da sua vida que estava além do seu controle?

_____

_____

_____

Quando a luta acabou você descobriu que Deus de alguma maneira trouxe algo bom dela? Você cresceu através dessa experiência? Como?

_____

_____

Há estações em que experimentamos grande alegria e outras em que vamos experimentar grande dor e desafio. Esta passagem nos adverte: não espere que a vida seja um mar de rosas. Espere pelo bem e pelo mal. Também espere que Ele lhe ensine algumas das lições mais bonitas da vida durante as estações não tão divertidas. Nós também aprendemos que não importa o que aconteça, Ele estará conosco em tudo. Ele está no controle de tudo. Se quisermos achar paz e felicidade nessa vida, precisamos aprender a pensar em Deus, depender Dele e lidar com cada estação que chegar.

DIA 2 - EXERCÍCIO PRÁTICO

Gaste tempo em oração agora e peça para Deus mostrar-lhe que Ele quer que você aprenda através da sua atual estação de lutas. Escreva o que o Espírito Santo colocar em seu coração.

_____
_____
_____
_____
_____
_____
_____
_____
_____
_____

Semana 1: As Estações da Vida

DIA 3 - MEDITAÇÃO
CONTINUE PERSEGUINDO

Mais uma vez leia Eclesiastes 3:9 e 10.
Que pergunta Salomão faz no verso 9?
_____

Alguma vez você já perguntou a mesma coisa?
_____

"Qual é a utilidade? Ninguém me escuta mesmo!"

"Que bem faz a mim lavar essas louças? A pia estará cheia novamente daqui a cinco minutos! É inútil!"

Você se sentiu dessa forma sobre algo ultimamente? Se sim, descreva-o:
_____
_____
_____

Como você age com os outros quando se sente dessa forma?
_____
_____

De acordo com o verso 10, qual é a fonte de nossas "estações de vida"?
_____

Se Deus é Aquele que deu a você a estação e a tarefa, não é então razoável admitir que é para onde Ele quer que você direcione sua atenção?

Descreva a estação em que você sente que Deus a colocou nesse momento.
_____
_____

Você já deu a seu filho uma tarefa pela qual ele reclamou e fez todo o possível para evitar fazê-la? Como você se sentiu sobre essa atitude? Qual foi sua resposta?
_____
_____
_____

Você alguma vez se perguntou como Deus se sente quando agimos como criança sobre as responsabilidades que Ele nos deu?

Para acharmos paz e alegria em nossas vidas, precisamos parar de reclamar das tarefas dadas por Deus e assumirmos nossas responsabilidades com um sorriso. Devemos nos concentrar nas tarefas da estação em que estamos e não na da estação que já passou ou que virá. Precisamos aprender a viver um dia de cada vez. Não podemos permitir que o inimigo nos torne responsáveis pelas tarefas de todas as estações ao mesmo tempo. Essa é a razão pela qual muitas pessoas ficam desencorajadas e desistem de relacionamentos, casamentos, educação de filhos, e qualquer esperança de servir a Deus. Precisamos de equilíbrio nessas áreas de nossas vidas. Se perdermos esse equilíbrio, terminaremos estressadas.

É por isso que muitas vezes nos sentimos sobrecarregadas ao invés de aliviadas por Deus!

DIA 3 - EXERCÍCIO PRÁTICO

Passe algum tempo em oração e peça a Deus que mostre a você os desejos Dele para seu crescimento. Fale ao Pai Celestial sobre aquelas frustrações que roubam sua alegria. Escreva suas impressões.

_____
_____
_____
_____
_____
_____
_____
_____
_____
_____
_____
_____
_____
_____
_____
_____

Semana 1: As Estações da Vida

DIA 4 - MEDITAÇÃO
NÃO EXISTE TEMPO INÚTIL DE VIDA

Leia Eclesiastes 3:9-11 novamente.
Como o versículo 11 descreve esses vários estágios da vida?

_____
_____

Deus está dizendo que todos os estágios da vida são bonitos à sua maneira. Cada um é diferente do outro; porém, todos são lucrativos. Todos são importantes. Todos eles juntos nos tornam aquilo que Deus quer que sejamos. Não existe tempo inútil de vida; não deixe que o inimigo a faça pensar que existe!

De acordo com o versículo 11, o que Deus tem colocado em nossos corações?

_____
_____

Deus tem colocado em nós que, de fato, a eternidade existe! Cada pessoa na face da Terra fica preocupada com a eternidade em algum momento da vida. Até o ateu mais convicto já pensou muito sobre a eternidade. Por quê? Nós nos sentimos dessa forma porque Deus nos fez seres eternos. Ele colocou dentro de nós aquele desejo profundo de permanecermos vivos para sempre, não importa se admitimos isso ou não. Por qual outra razão o ateu lutaria tanto contra a morte? Por que um paciente terminal continuaria lutando mesmo sabendo que não há esperança para superar sua condição física?

Por que nós não somos apenas seres físicos, somos também seres espirituais e temos um sentimento interior que viveremos em algum lugar para sempre. Nossa preocupação real não vem do questionamento se há eternidade, mas do questionamento de onde passaremos nossa eternidade.

Você sabe com certeza onde você passará a eternidade?

_____
Onde? _____ Onde está baseada sua conclusão?
_____
_____

Nós todos precisamos desesperadamente de Deus em nossas vidas. Ele é a liga que nos mantém inteiras, e nos dá paz e força para enfrentarmos cada dia. Somente através Dele, nós podemos ter paz concernente à eternidade. Somente por meio de um relacionamento pessoal através do Filho de Deus, Jesus Cristo, nós podemos ter vida eterna num lugar chamado céu. É um local real, com pessoas reais que já foram para lá antes de nós. Assegura uma felicidade eterna e real para todo aquele que se voltar a Deus em fé e convidá-Lo para entrar na sua vida.

Esse tipo de conversa pode francamente parecer muito "religiosa" para alguns. Você pode ter escutado todas essas coisas a vida toda, mas simplesmente não parece real para você. Para aquelas que não entendem muito bem o que isto significa, deixem-me dar a vocês alguns fatos simples. Não há nada de complicado nisso!

Semana 1: As Estações da Vida

1. Romanos 3:23 nos diz que todos nós fizemos algo errado, cometemos erros, ou, como a Bíblia diz, pecamos, e precisamos admitir isso.
2. Por causa do pecado em nossas vidas, nós precisamos do perdão de Deus (Atos 3:19). Não existe nada que possamos fazer para merecer isso através de nós mesmos.
3. Jesus veio à Terra para nos oferecer esse perdão, levando sobre Ele nossa culpa quando morreu na cruz. Depois disso, Deus O ressuscitou da morte (Romanos 4:25).
4. A Bíblia nos diz em João 3:16 que Deus nos amou tanto que enviou Jesus para que todo aquele que Nele crê seja perdoado e tenha vida eterna.
5. Uma vez que acreditamos em Jesus, precisamos apenas pedir-Lhe que nos perdoe e seja nosso Senhor.
6. Se nunca houve um momento em que você especificamente pediu que Deus entrasse em sua vida para ser seu Senhor e salvador através de Jesus Cristo, você não o faria agora? Se você não sabe quais palavras usar, poderá orar algo assim:

Pai Celestial, eu venho a Ti no nome de Jesus e Te peço que me perdoes das coisas erradas que tenho feito, tanto consciente como inconscientemente. Peço que Tu me limpes e me faças inteira novamente. Jesus, creio que Tu és o filho de Deus, Tu morreste na cruz, foste enterrado e ressuscitaste. Peço que Tu entres em minha vida como Senhor e Salvador. Amém.

Escreva sua oração a Deus:

_____
_____
_____
_____
_____
_____
_____
_____
_____
_____

Querida irmã, se você acreditou e fez essa oração, você pode ter certeza que Deus agora vive em seu coração e estará com você para sempre!

Sei disso porque tenho experimentado Deus em minha vida por trinta e um anos.

Agora, Ele tem me permitido lutas algumas vezes, mas tem sido através dessas lutas que tenho crescido no amor e no maior entendimento Dele. Ele tem sempre sido fiel a mim. Na minha maior dor, eu sinto a presença Dele em mim como em nenhum outro momento. Minha fé cresce durante esses períodos até que eu perceba que posso confiar Nele em todas as coisas.

Ao perceber que Deus implantou a eternidade em nossos corações e determinou estações e tarefas em nossas vidas, nós temos uma razão para continuarmos ligadas às tarefas desta vida. De repente tudo que fazemos tem um propósito eterno.

Quando disciplinamos nossos filhos, é com esperança que eles aprendam e entendam os caminhos de Deus para que um dia eles cresçam e O recebam em seu coração, ganhando vida eterna. Quando enxugamos o nariz deles, é para um propósito eterno. Quando apanhamos as meias de nossos maridos pela décima vez, podemos lembrar que fazemos isso como culto racional a Deus nessa estação de nossa vida.

Este versículo nos diz que muitas vezes não conseguimos entender porque Deus nos deu esta tarefa em particular; somente Ele sabe. Mas podemos ter certeza de uma coisa: Ele nunca pedirá algo de nós sem nos dar também a força para lidar com isso, e Ele nunca nos dará um fardo grande demais para carregar. Às vezes pensamos que Ele deu sim, mas se permanecermos firmes, Ele nos mostrará coisas grandes e maravilhosas que não poderíamos experimentar de outra forma. Deus nos promete em Romanos 8:28 que "todas as coisas cooperam para o bem daqueles que amam ao Senhor". Podemos tomar posse dessa promessa e estarmos certas de que no final, tudo será usado para o bem em nossa vida.

DIA 4 - EXERCÍCIO PRÁTICO

Que situação você está vivenciando que não entende muito bem ainda, mas está pronta para entregá-la ao Senhor, tomar posse da Sua promessa, e confiar que Ele fará alguma obra boa em sua vida? Escreva sua oração de entrega e fé ao Senhor. Um dia, você poderá olhar para trás nessa oração escrita e ver o cumprimento de Deus nessa promessa.

Minha oração de entrega e fé concernentes à minha estação de lutas neste ponto da minha vida:

Data: _____

_____
_____
_____
_____
_____
_____
_____
_____
_____
_____
_____
_____

Semana 1: As Estações da Vida

DIA 5 - MEDITAÇÃO
VOCÊ SÓ PODE VIVER UM DIA DE CADA VEZ

Leia Eclesiastes 3:12, novamente.
Quais as duas coisas que Deus diz que é melhor que façamos quando vivemos as diferentes estações da vida?

_____
_____
_____

Muitas vezes, murmuramos e reclamamos de nossas tarefas que uma estação em particular requisita. Às vezes, ficamos tão frustradas com nossa carga pesada e fracassos que desistimos de lutar.

Como as mulheres de "Vozes das Épocas da vida" (página 10), desejamos um modo de vida no qual possamos viver um dia de cada vez. Mal conseguimos esperar por outro dia, outra estação. Muitas vezes esquecemos que a próxima estação também terá problemas, agraves, e lutas. Deus diz que seríamos mais felizes se aprendêssemos a nos regozijar.

Deus espera que nos regozijemos por termos problemas? Não, mas Ele espera que realmente nos regozijemos por que Ele está conosco durante a luta. Quer que nos alegremos porque, em meio à crise, Deus está no controle e pode lidar com qualquer situação que nos aconteça, e fazer uma grande e nova obra em nossas vidas através dessas lutas. Quer que nos alegremos porque cremos que Ele é capaz de operar em nossa vida apesar da luta. Por isso temos que nos regozijar!

Deus tem falado ao seu coração sobre uma área a respeito da qual você precisa aprender a se regozijar? Escreva uma oração de confissão e promessa a Ele agora:

_____
_____
_____
_____

No verso 13, o que Deus diz que deveríamos fazer?

_____
_____

Você sabia que Deus quer que você aproveite os frutos de seu trabalho? Ele não quer que vivamos uma vida estressada e árida. Ele quer que aproveitemos nossas vidas e o trabalho que Ele nos deu!

Se conseguirmos aprender a nos regozijar e viver um dia por vez ou até um minuto por vez, quando necessário, então começaremos a encontrar a ajuda, a paz e a alegria que Deus quer nos dar.

Como podemos mudar de irritadas para risonhas? Louvando a Deus! Louvando-O pelo que Ele é! Louve-O pelo que Ele tem feito!

Louve por todas as dificuldades e trabalho que Deus enfrentou nestes últimos seis mil anos para que fizesse chegar até você a mensagem sobre Seu grande amor e preocupação com nossas vidas.

Afinal de contas, as nossas tarefas duram somente um pouco. Como você se sentiria se sua tarefa durasse seis mil anos e tudo que o beneficiário fizesse, fosse reclamar?

Deus tem muitos sonhos e planos para nós. Eles são sempre melhores do que quaisquer sonhos que possamos vislumbrar para nós mesmas.

Jeremias 29:11 diz: "Porque Eu sei os planos que tenho para você, declara o Senhor, planos para o bem, e não para o mal, de te dar uma esperança e futuro."

Carregue esse pensamento com você todos os dias, em todo lugar por onde for! Assim a tarefa não parecerá mais tão grande!

DIA 5 - EXERCÍCIO PRÁTICO

Enumere suas bênçãos uma a uma:

1. _____
2. _____
3. _____
4. _____
5. _____
6. _____
7. _____
8. _____
9. _____
10. _____

Leia e medite sobre Provérbios 31:10-31.

Lemos nessa passagem sobre o que Deus diz sobre a mulher ser mais preciosa que rubis e sentimos que não há maneira de alcançarmos esse padrão. O que às vezes nos esquecemos é que a mulher de Provérbios 31 não realizou todas essas coisas num só período. Deus nunca pretendeu que fizéssemos dessa maneira também. Essas realizações foram alcançadas durante todo o período de vida dela.

Semana 1: As Estações da Vida

Liste e descreva as diferentes coisas que a mulher fez:

_____
_____
_____
_____
_____
_____

Selecione 3 tarefas dela e faça a relação com qual estação da vida (solteira, recém casada, maternidade, idosa, etc.) ela se aplica:

1) _____
_____

2) _____
_____

3) _____
_____

Como você poderia usar suas descobertas para auxiliar uma jovem esposa e mãe a lidar com suas lutas rotineiras?

_____
_____
_____
_____
_____
_____
_____
_____
_____
_____
_____
_____
_____
_____
_____
_____

Semana 2
Onde está o meu Cavaleiro com Armadura Brilhante?

Você não está mais sozinha

Se você nasce filha de um rei, o que isto faz de você? Faz de você uma princesa, correto? Toda garotinha, em algum momento ou outro, sonha em ser uma princesa.

Princesas são sempre bonitas, felizes, amadas e protegidas. Toda garotinha entende que a princesa tem privilégios especiais. Ela é protegida de uma forma que os outros não são. A posição dela tem mais valor porque ela pertence ao rei e não fez nada para merecer isso. Ela foi escolhida para ser a filha do rei e não teve nada com isso.

Quando eu era uma garotinha, amava contos de fada, você não? Em todos os contos de fadas, esperança e amor permaneciam firmes e o final era sempre "felizes para sempre".

Aqui na vida real, parece que não funciona desta maneira, não é? Bem, eu sei que você já é uma mulher adulta agora, mas quero lhe contar um novo conto de fadas.

Era uma vez, na terra de Eon, uma linda garotinha que nasceu numa família pobre, mas amável, e que morava fora dos muros do castelo em um vilarejo próximo. A vila inteira estava entusiasmada com seu nascimento e até mesmo o rei veio recepcioná-la no seu reino. Ela foi uma garotinha especial que cresceu com cabelos loiros e grandes olhos azuis, da maneira como nós esperamos que seja nos contos de fadas. Como ela era uma grande alegria para todos, sua mãe decidiu que este seria seu nome: Alegria.

Só havia um problema com a Alegria: ela tinha pés minúsculos, magrinhos e eram tão pequenos que ela não podia ficar em pé. O pai e a mãe dela queriam desesperadamente achar a cura que pudesse ajudá-la a andar. Eles trabalharam dia e noite por anos para economizar dinheiro suficiente e levá-la aonde pudesse obter ajuda. Eles faziam qualquer tipo de trabalho que pudessem encontrar e dormiam poucas horas todas as noites. A única coisa em que conseguiam pensar era numa maneira de ajudar a filha, mas eles não contavam para ninguém sobre essa esperança, nem mesmo ao rei.

Após muitos anos, a família tinha o dinheiro suficiente para partir ao encontro da ajuda que eles tão desesperadamente buscavam. Numa noite feliz, eles anunciaram à Alegria que no dia seguinte viajariam para uma terra bem distante. Lá eles achariam a cura e ela poderia, pela primeira vez, andar como as outras crianças do reino.

"Oh, como meus pais me amam", pensou Alegria. "Estou tão entusiasmada, tão feliz". Mesmo assim, ela não conseguia deixar de pensar: "É para isso que papai e mamãe têm trabalhado tanto? É por isso que muitas vezes não os vejo? Pensei que era por que sou muito diferente; pensei que tinham vergonha e não queriam ficar comigo. Oh, como eu estava errada."

Na manhã seguinte, quando Alegria se levantou, viu o entusiasmo

Semana 2: Onde está o meu Cavaleiro com Armadura Brilhante?

com que seus pais se preparavam para sair para a jornada. Ela saltava com deleite enquanto eles empacotavam roupas e comidas suficientes para durar até que voltassem. Ela mal podia esperar para entrar na carroça que os levaria para longe, fora dos limites do reino. "O que nos espera lá fora?", ela se questionava. "É seguro ir para bem longe da proteção do nosso rei?"

Mamãe e papai estavam deixando um bilhete para o resto da família, para os amigos e para o rei, dizendo que estavam saindo nessa jornada de sonhos. Não contaram a ninguém antes, especialmente ao rei, por medo que ele e todos no reino rissem e caçoassem de um sonho tão alto como esse. Afinal, quem eram eles para esperar por tamanho milagre? Eram trabalhadores simples, comuns, não do tipo que se atreveria a fazer algo tão arriscado ou ambicioso.

Finalmente sua mãe subiu na carroça e o rosto do seu pai brilhava com o entusiasmo, enquanto a levantava e colocava nos braços abertos de sua mãe. Em seguida ele subiu na carroça e pegou as rédeas. Com um grito, eles saíram de dentro dos muros do castelo na expectativa de viajar para a distante cidade da esperança.

Que viagem especial eles esperavam que fosse! Talvez se eles tivessem falado ao rei sobre suas esperanças e sonhos e pedido a proteção dele para a viagem, teriam conseguido. Mas, antes que a primeira noite viesse, um príncipe guerreiro do mal que era conhecido por viver em algum lugar nas profundezas do deserto, atacou ferozmente o pequeno grupo. A pequena Alegria foi esbofeteada e jogada longe, caindo próximo a um arbusto de roseira-brava. Seus queridos pais, machucados, foram deixados para morrer com ela, bem ao lado da carroça que, por alguns momentos, tinha lhes oferecido tanta esperança para o futuro. O guerreiro do mal se foi, com uma alegria maldosa pela destruição que havia feito na vida inocente de sua presa.

Nesse momento, Alegria entendeu que ela também não tinha esperança, por que seu fôlego de vida estava passando. Ela não podia se levantar e nem gritar por socorro, por que não havia ninguém para ajudá-la no meio daquele local abandonado.

Ao menos foi assim que ela pensou. Porém, de repente, Alegria escutou galopes de muitos cavalos de guerra. Estaria mais amedrontada se não houvesse escutado também as trombetas do rei. Tão logo escutou os gritos de guerra dos cavaleiros mais valentes, conhecidos em todo o reino de Eon, eles já estavam ao lado dela, chamando-a pelo nome. Com um grito alto e profundo, ela chamou a atenção deles. O próprio rei subiu entre os espinhos e a levantou com segurança em seus braços. Ao ver sua mãe e seu pai sem vida ao lado da roda da carroça, ele soltou um lamento tão alto, tão ruidoso, que todos os guerreiros poderosos pareciam crescer 20 metros conforme se aproximavam da lamentação de seu destemido líder.

O rei não permitiria que aquilo ficasse assim. Ele não tinha sombra de dúvidas de quem havia feito aquela atrocidade. Um aceno rápido de sua cabeça mandou todos os poderosos guerreiros correrem pela escuridão à procura do guerreiro do mal, que havia tido a ousadia de tocar em seu povo amado.

Enquanto Alegria chorava amargamente nos braços de seu rei, ele disse: "Se ao menos eles tivessem me dito o que precisavam para dar a você, eu lhes teria dado tudo o que necessitavam incluindo meus bravos guerreiros, para levá-los em segurança. Eles sofreram em vão. Mas você, minha criança, não sofrerá mais. Você se tornará minha própria filha e eu

Semana 2: Onde está o meu Cavaleiro com Armadura Brilhante?

cuidarei de você, e você morará comigo no Castelo Abrigo, no reino de Eon. Como seus pais desejaram, verei você andar como as outras crianças do reino". E ela andou.

Com o passar dos anos, Alegria se tornou uma jovem linda. Ela nunca conseguiu esquecer aquele dia horrível quando perdeu seus pais, mas o rei havia cuidado dela, amando-a, e ensinando-a como se ela fosse dele desde o início. Ele não permitia que ninguém se referisse a ela de outra maneira a não ser como sua filha. Todos os direitos e privilégios lhe foram garantidos como se ela houvesse nascido princesa, na realeza.

E ela pôde andar. O rei havia mantido a sua promessa, dizendo-lhe que era sua filha inocente e que nada era bom demais para ela. Ele havia até mesmo colocado Haniel, o jardineiro real, sob o comando de Alegria por causa de seu amor pelas flores ao redor do palácio. Ainda quando garotinha, ela implorava ao rei por permissão para trabalhar junto a Haniel para aprender tudo o que podia.

Quase ninguém sabia, a não ser o rei e seu filho, o porquê dela amar tanto as flores. Isto por que quando ela era criança, sua mãe havia insistido para que pudesse plantar flores ao redor da sua pequena cabana no vilarejo, mas seu pai não quis gastar o dinheiro com sementes de flores. Ele quis economizar cada centavo possível para a viagem secreta. Mas o desejo da mãe fora garantido e Alegria teve permissão para este luxo único, já que não podia andar, brincar ou trabalhar como as outras crianças.

Quando mudou para o Castelo Abrigo, o rei se tornou como um pai para ela. Ela lhe mostrava a sua gratidão, obedecendo a cada uma de suas ordens e satisfazendo cada desejo. Mas mesmo assim, nunca se sentia como uma princesa.

Alegria continuava se sentindo como se não tivesse valor. Afinal, ela era somente uma criança da vila e não a filha do rei!

O rei sempre lhe dizia para nunca andar fora dos muros do castelo sem a sua proteção. Memórias daquele horror de tempos atrás a mantinham longe de sequer pensar em desobedecer. Ela o amava e não faria nada propositadamente, que pudesse lhe causar dor.

Num dia ensolarado de primavera, Alegria decidiu fazer uma caminhada despreocupada ao redor dos muros do palácio, olhando atentamente o crescimento das flores que haviam ao redor de cada centímetro do muro de pedra que circundava o reino e o grande castelo da montanha.

Quando se aproximava do portão da frente, onde a ponte cruzava o fosso, viu a flor mais bonita que jamais tinha visto na vida. Estava além da ponte, na outra margem do fosso, que ficava na frente do portão. Ela chamou um guarda para pedir-lhe que a acompanhasse, pois queria pegar uma muda para o seu jardim. Ela só conseguia pensar em como aquela bela espécie aveludada ficaria linda no jardim.

"Guarda", Alegria chamou. Ela olhou ao redor. Onde estavam todos? "Luiz, onde está você?" ela gritou. "Afonso, você está aí?" Ela chamava enquanto se aproximava da porta da casa dos guardas. "Parece que todos sumiram", disse ela. "Como eu gostaria de uma flor dessa! Eu não consigo imaginar onde todo mundo está", acrescentou.

Alegria subiu as escadas para a torre exterior. Achando-a vazia também, olhou por um minuto o reino gigante que ela chamava de lar. Para todos os lugares que olhava, via o amor e a mão bondosa do rei de Eon. "Eu gostaria de poder fazer algo especial para ele", pensou. Ele sempre lhe dava alguma coisa, e ela nunca se sentiu na obrigação de dar-lhe algo em troca. Ela sempre se sentira mal por ele ter lhe dado tanto, sendo ela uma simples camponesa. Ela não merecia tanta bondade, cuidado e amor.

Ela pensou: "Já sei. Vou surpreendê-lo com as novas flores para o seu jardim real particular". Então, verificando novamente as janelas circulares da torre, percebeu que todas as estradas ao redor do reino estavam vazias, nenhum estranho à vista, e ela tomou sua decisão: "Vou correr rapidamente para fora dos muros, colher um ramalhete próximo à raíz e correr de volta antes que alguém sinta minha falta e me pegue. Se esperar, as flores podem murchar e aí não terei nada para dar ao meu rei."

E foi o que fez. Correndo o quanto pôde, cruzou o fosso para o outro lado da margem e desceu para pegar as flores. Quando seus dedos tocaram as pétalas rosas, ela escutou o som familiar e horripilante do guerreiro do mal. Antes que pudesse se levantar, em um movimento rápido, ele a levantou e a empurrou para a sela de um cavalo, o mais negro e feroz que ela já havia visto. Com um aperto, ele a segurou pela cintura e fugiu, mais veloz que o vento, floresta adentro, para o deserto.

"Finalmente!" Ele sussurrou. "Eu esperei todos esses anos para roubá-la. Achei que tinha matado você juntamente com seus pais. Você é uma camponesa! Você não é nada! Você é uma falsidade, uma incapacitada! Quem você pensa que é, para se intitular princesa? Eu lhe mostrarei quem realmente você é!" Assim, naquele castelo infernal, ele abusou dela de todas as maneiras que uma mente má poderia pensar; todo abuso conhecido a um homem ou a um animal ele lançava sobre ela. "Você está arruinada para sempre. Ninguém, especialmente seu querido 'papai', vai lhe querer novamente. Esta é quem você realmente é". E com isso ele a jogou em um calabouço, trancou a porta, e pendurou a chave ao redor de seu pescoço. "Ninguém pode tirá-la das minhas vistas agora... ninguém".

Alegria nunca tinha sentido tanta dor, tanta desesperança, tanta angústia, e vergonha. É claro que o guerreiro do mal estava certo. Ninguém poderia querê-la, especialmente seu pai, o rei. Por que o faria? Ela o tinha desobedecido, desonrado, e depois de tudo o que ele tinha feito por ela! Ele já a tinha resgatado uma vez; ele não faria isso novamente. Além disso, ela não valia nada agora. Machucada até o último pedacinho de sua vida, ela era uma mulher ferida e assustada. Ela merecia aquilo. Ela aceitaria aquilo, pensou. Ela morreria ali naquela lamentável justificativa de um castelo chamado VERGONHA.

Enquanto isso, no reino de Eon, o rei e seu filho haviam visto o que o guerreiro do mal fizera à sua querida. O rei imediatamente colocara uma chamada por todo o reino e todos os cavaleiros, em armaduras brilhantes, de cada canto do reino haviam atendido ao seu chamado. O rei pediu para o próprio príncipe guiar o caminho, a fim de achar Alegria, sua filha querida e trazê-la em segurança de volta para ele, em seu lar no Castelo Abrigo.

Então o poderoso exército saiu com cada homem, cada cavalo, levando uma expressão de determinação feroz. Nada pararia aquele exército. Pela sua princesa todo cavaleiro do reino estava determinado a vencer o príncipe guerreiro do mal. Ela era a filha do rei e, o guerreiro do mal gostando ou não, o rei era, também seu grande juiz.

O exército saiu durante a noite com tanta ferocidade e rapidez que nada no seu caminho poderia sobreviver. Logo que alcançaram o castelo na escuridão, o príncipe ordenou uma inesperada parada contra a maldade e, levantando sua mão ao ar, falou com a autoridade de seu pai, bem alto, para que todos escutassem: "Obrigado valentes guerreiros, por terem vindo comigo nesta noite, para resgatar nossa amada. Vocês mostraram que nada poderia afastá-los de seu objetivo, mas eu devo dizer-lhes que existe uma coisa que pode nos parar, mesmo a mim, em nossos caminhos. Não, não é o mal, porque eu sou senhor sobre ele e ele sabe disso, mesmo que se rebele até o dia de hoje. Não, não é ele que pode nos parar. Quem pode nos parar é a própria princesa. Ela tem de acreditar que nós podemos e vamos resgatá-la, ela precisa crer que nós a amamos com amor incondicional e que nada pode mudar isso. Ela foi abusada, enganada, machucada e assustada. Ela desobedeceu ao pai e agora pensa que nós nunca iremos querê-la ou amá-la novamente. É tão difícil agora, que ninguém pode resgatá-la a não ser eu, e preciso fazê-lo sozinho. Vocês devem esperar aqui pelo meu chamado. Se Alegria acreditar no meu amor por ela, então virará as costas para o ímpio que roubou a sua vida e o seu espírito de nós. Se ela somente permitir-me, eu a trarei de volta e então comandarei vocês contra o mal. Vigiem e orem. Esperem pelo meu chamado."

Com isto o príncipe do reino de Eon saiu cortando a escuridão do mal como um raio de luz. Todo guerreiro do mal que estava de prontidão a chamado do príncipe do mal, assistiu com terror as faixas de luzes ofuscantes que seguiam o príncipe, pela escuridão da noite. Sabiam que a sua luta seria até a morte contra o resgatador que corria na noite. Eles estavam corretos; eles não venceram. Mesmo que o resultado da luta tenha causado uma grande dor ao príncipe, ele continuou e os derrubou com o poder da sua palavra e a espada do seu espírito.

Logo ele estava face a face com o grande mal, batalhando pelas chaves do alçapão. Com o fio da sua espada e o respirar da sua poderosa palavra, o príncipe arrancou as chaves do guerreiro e o acorrentou em seu próprio castelo de matança.

Vencida a batalha, ele correu com velocidade estrondosa para sua princesa.

Deitada na lama nojenta do chão do alçapão, ela mal pôde olhar para cima quando ele virou as chaves e entrou naquela pocilga imunda. Com incrível carinho, ele a chamou pelo nome. "Alegria", sussurrou ele. "Olhe para mim, querida. Eu ainda te amo". "Não", ela disse com uma grande vergonha e frustração em seu rosto e voz, "eu não sou mais a Alegria; eu sou a Mancha".

"Você é minha. Você pertence ao meu pai. Seu lar é o Castelo Abrigo no reino de Eon".

"Não. Vai embora! Não posso deixar você fazer isso. Não novamente. Isto é culpa minha. Eu mereço, eu estou arruinada, não há esperança. Minha imundície só se espalharia em tudo que eu tocasse novamente. Deixe-me ficar aqui; eu mereço, eu sou como ele. Eu estou manchada. Estou sem esperança". Com isso ela virou as costas para o príncipe, com o seu rosto ainda na lama, e lamentou com a amargura de uma amaldiçoada. Andando suavemente até ela, ele ajoelhou-se e a tirou da lama. Ele pegou a sua própria capa de justiça e a banhou em sua bondade. Gentilmente apertou seus lábios na testa dela e a abençoou, e disse para que escutasse: "Alegria, o pai viu quando você desobedeceu. Ele sabia que o faria porque você é humana e não entende os perigos e decepções do guerreiro do mal. Ele sabia e assim mesmo ele quer que seja dele de qualquer forma. Ele é feroz em protegê-la, e

Semana 2: Onde está o meu Cavaleiro com Armadura Brilhante?

espera trazê-la de volta para casa. Deixe-nos soltá-la, curá-la e trazê-la de volta ao local a que você pertence. Finalmente você pode ser uma princesa real, a filha do rei. Ele sempre quis que fosse dele mas ele tinha de deixar você mesma aceitar isso. Senão você não seria realmente dele. O rei ainda quer você como sua filha adotiva. Eu fui mandado aqui, passei pela morte e escuridão para resgatá-la do guerreiro do mal. Você não é como ele. Sim, você falhou. Mas você foi perdoada. Aceitará você nosso perdão? Você permitirá que a leve para casa?"

Ela finalmente olhou e viu o corpo dele machucado e abatido e as marcas da batalha ainda estavam em suas mãos e pés. Os seus olhos acharam os dele e ela olhou profundamente dentro deles. Agora havia um olhar de total aceitação, amor e carinho. Ela nunca havia visto isso antes. Como ela tinha deixado isso passar?

Onde estava a condenação que ela deveria estar recebendo daqueles olhos? Podia ser real? Poderia ele amá-la tanto? ela se perguntava.

"Sim eu a amo", ele disse. "Eu a amo muito. Eu conheço você tão bem, conheço seus pensamentos, mas eles não são meus pensamentos, nem os pensamentos do meu pai. Eu vim aqui para resgatá-la e não para condená-la. Por favor, deixe-nos amá-la com amor eterno. Venha comigo; confie sua vida a mim. Eu a levarei para casa e lhe darei descanso".

Como poderia ela resistir? Ao invés de sua dor ou vergonha, o amor dele agora a subjugou. "Sim!" - ela gritou - "Eu confiarei em você porque provou o seu amor por mim. Quem mais viria aqui a este lugar imundo? Quem mais conquistaria minha liberdade do mal? Quem mais venceria minha vergonha e culpa? Somente você."

"Então vamos!" E com isso ele a colocou à sua frente no seu poderoso cavalo branco. E quando ela aceitou o seu amor e perdão de todo coração, eles voltaram juntos para o exército de cavaleiros, com suas armaduras brilhando ao sol forte, no lugar da escuridão.

Ele gritou à frente dos guerreiros: "Venham, voltemos ao Castelo Abrigo e apresentemos a nossa mais nova irmã, princesa Alegria, porque agora ela está vestida com as túnicas reais de justiça. Ela aceitou seu lugar como princesa, dado a ela por meu pai e por mim através do nosso plano de resgate. Deixem o guerreiro do mal. Nós trataremos com ele depois. Ele já está vencido, de qualquer forma."

Então eles percorreram todo o caminho de volta a Eon. Lá foram saudados com aplausos contagiantes de todos do reino de Eon. A querida princesa, que antes estava perdida, agora fora achada e estava em casa afinal. E sem nenhuma dúvida, ela viveu eternamente feliz depois.

Assim também, você pode.

Não, nada neste mundo será perfeito; de fato as coisas nesta vida são demasiadamente difíceis. Mas não é só isso que há no mundo. A vida não termina nesta Terra; somente a vida neste corpo termina aqui. Este é só o campo de preparação para a eternidade. Aqui é onde nós tomamos nossa decisão a respeito de nossas vidas, na eternidade. Como Paul Harvey diz, "o resto da história" será dito nos anais da eternidade. Como será lida sua história?

E se a princesa, tivesse escolhido ficar no castelo da vergonha? Você acha que ela seria classificada como esperta e sábia, ou seria óbvio a todos que fora tristemente enganada? Por favor, minha amiga, não seja enganada.

Semana 2: Onde está o meu Cavaleiro com Armadura Brilhante?

Não deixe que o autoabuso que você sofreu, ou o abuso que você sofreu das mãos de outros a faça a ficar no alçapão. Levante-se! Escute o pedido do Senhor para o seu coração. Escute o sussurro amável e misericordioso no seu ouvido! Deixe-O vesti-la com Sua túnica de justiça e perdão. Ele veio resgatá-la. Você O mandará embora?

Parece ridículo? É ridículo, mas mesmo assim, muitos, lendo isso, têm feito essa mesma escolha sem mesmo conhecê-lo.

Você O tem mandado embora.

Veja você: Deus é o Rei do universo. Nós moramos em Seu reino. Ele nos deu a opção de sermos Suas filhas, sermos princesas. Não, nós não merecemos isso. Nós não podíamos fazer nada para merecermos isso. Ele insiste que façamos nossa própria decisão quanto a isso.

Jesus é o Cavaleiro em armadura brilhante. Esse príncipe pagou a remissão necessária para a nossa liberdade. Ele pagou o preço para nos libertar do castelo da escuridão e nos trazer de volta ao nosso Pai, o Rei. Quando morreu na cruz do Calvário, fez tudo o que foi necessário e preciso para nos resgatar do guerreiro do mal, o príncipe deste mundo. Jesus é o Cavaleiro em armadura brilhante pela qual toda garota espera. Jesus é o único e somente Ele pode nos resgatar da culpa, decepção, dor e angústia, das feridas do passado e erros. Ele é o Cavaleiro que nunca nos deixará ou nos abandonará. Ele nunca nos deixará na solidão, mas sempre nos trará de volta à segurança dos braços do Pai. Você irá com Ele?

O inimigo continuará tentando segurar todo príncipe e toda princesa, cativos em seu reino do mal, na profundeza da escuridão. Por quê? Para que o sirvam em seu castelo do mal. Precisamos reconhecer esse castelo por nomes que o guerreiro do mal nunca usará: miséria, medo, culpa, vergonha, rejeição, inadequação, inferioridade, insegurança, solidão, depressão, raiva, rebelião e inferno. Aqui na Terra, o nome do castelo pode ser diferente para cada princesa; de qualquer forma oferece a mesma oposição àquilo que o Pai pretende que a Sua princesa tenha.

Você rejeitará Sua tentativa de resgatá-la? Você escolherá viver no castelo da escuridão? Você se recusará a aceitar sua posição real como princesa, a filha do Rei? Por que não tomar posse da sua posição? Por que não viver como uma princesa? Por que depois de tudo que o Cavaleiro com armadura brilhante fez para assegurar o resgate, ainda escolheríamos viver vidas cativas no castelo do inferno?

Se você nunca pediu que seu Rei Jesus resgatasse você, por que esperar mais? Ore agora e peça ao Rei Jesus para resgatá-la, que entre em sua vida para ser seu Senhor e Salvador, seu Cavaleiro com armadura brilhante, e viver para todo o sempre como filha Dele.

Se você previamente já pediu a Deus por esse resgate e sabe com certeza que já recebeu salvação através de Jesus Cristo, mas por alguma razão continua a viver como uma criatura cativa, reivindique sua posição como filha do Rei. Peça, espere Nele, que lhe dará vitória sobre todas as coisas da sua vida que a têm mantido refém e a têm vencido. Você precisa saber quem você é. Depois que você aceitou o resgate do Rei e recebeu Jesus Cristo como Senhor e Salvador da sua vida, você precisa aceitar a sua posição como filha do Rei e viver em vitória.

Você é alguém! Você é uma princesa! Vá e viva em vitória.

Semana 2: Onde está o meu Cavaleiro com Armadura Brilhante?

DIA 1 - MEDITAÇÃO
NOSSO DESTINO EM CRISTO

Muitas vezes achamos fácil crer que Deus pode ter um destino preparado para outra pessoa, mas achamos difícil crer que Ele preparou um para nós, pessoalmente.

Você sente que Deus tem um plano para a sua vida?

Agora que você tomou seu lugar como filha do Rei, você precisa entender que o Pai tem um destino divino para você, um plano específico para a sua vida, determinado desde a fundação do mundo.

Leia Efésios 1:4. Escreva com suas próprias palavras o que isso está dizendo a você:_____
_____

A Bíblia nos conta sobre mulheres que cumpriram os seus destinos. Procure os nomes na Bíblia, e coloque-os nos espaços:

Gênesis 17:19 _____ foi chamada para ter Isaque em idade avançada para provar que "com Deus todas as coisas são possíveis".

Rute 1:16 e 4:13 a 22 _____ estava destinada a mostrar grande fé, deixar seu próprio país e casar-se com _____. Ela se tornaria eventualmente mãe de _____ que ao final foi o avô de Daví.

Lucas 1:57-60 _____ foi destinada a se tornar mãe de João Batista, o precursor de Cristo.

Lucas 1:26-33 _____ foi destinada entre todas as mulheres a se tornar mãe de Jesus.

O que todas essas mulheres tinham em comum?
_____
_____
_____

Como você acha que o destino delas influenciou o mundo?
_____
_____
_____

Se você é mãe, você também tem um destino que pode influenciar o destino do mundo.

E se você não é mãe? Uma mulher tem que ser mãe para causar impacto importante nos outros ou no mundo?

Leia Ester 2:7-9. Quais eram os antecedentes de Ester?
_____
_____

O seu passado triste a afastou do destino de Deus?_____
_____

O seu a afastaria? _____

Por que você acha que ela agradou a Hegai? _____
_____
_____
_____

Leia Ester 2:15-18. Quando as pessoas encontravam Ester, como eles reagiam a ela? _____
_____
_____
_____

Chegando a vez dela de ser levada para o rei, o que Ester pediu?
_____

Como ele lhe respondeu?
_____
_____

Amanhã acharemos o que foi tão intrigante sobre Ester, que todos ao redor dela a amavam!

Nós todos temos um destino. Você também é uma pessoa muito importante no reino de Deus. Os propósitos Dele para a sua vida serão realizados assim que você se submeter a Ele. Ele usará o seu destino também para abençoar seu marido e filhos, e influenciá-los no cumprimento do destino que Deus tem para eles. Dê a Deus liberdade para usá-la no reino Dele na Terra! Você ganhará muito mais satisfação e realização do que jamais sonhou.

DIA 1 - EXERCÍCIO PRÁTICO

Você alguma vez sentiu que havia algo grande determinado para você fazer com sua vida, mas você ou não sabia o que era ou estava amedrontada para tentar, pensando que era apenas um sonho sem sentido?
_____
_____
_____
_____
_____

Você sente que agora está cumprindo o destino de Deus para sua vida?
_____
_____
_____
_____

Quem são aquelas pessoas que você tem oportunidade de influenciar na sua rotina diária? Que impacto poderia haver no futuro do nosso mundo?
_____
_____
_____
_____
_____

DIA 2 - MEDITAÇÃO
VOCÊ É VALIOSA AOS OLHOS DE DEUS - PARTE 1

Sempre que ensino este estudo em sala de aula, tenho um material visual que gosto de usar e que ajuda a explicar algo que todas nós desesperadamente precisamos entender. Já que não posso colocar esse visual na sua frente, ajude-me usando sua imaginação.

Na frente da sala de aula eu coloco uma mesa com diferentes vasos de barro sobre ela, cada um com uma vela dentro. Eles são todos feitos do mesmo material, mas mesmo assim alguns são pequenos, outros são compridos, outros estreitos ou largos, sem cor ou coloridos, novos, velhos, alguns com usos óbvios, alguns não, alguns em perfeita forma ou alguns rachados e outros quebrados. Um em particular se destaca dos outros porque é muito bonito e comprido, imponente e, de fato, parece um vaso Ming frágil e de cor azul e branca.

Outro vaso em particular está escondido atrás do resto porque tem fendas, rachaduras com grandes buracos, e até pedaços faltando. É simples, remendado e ainda fica feio sobre a mesa, pois já foi colado em épocas passadas.

Nós somos muitos parecidas com vasos, somos todas feitas de barro pela mão do mesmo oleiro. Algumas de nós somos baixas, outras altas, algumas gordas, outras magras, algumas têm cabelos castanhos, loiros, brancos ou vermelhos; os tons de nossa pele são tão variados quanto a doce música que cantamos para nossos filhos: "vermelho e amarelo, branco e preto, nós somos preciosas aos olhos Dele." Se gostamos de nos enfeitar ou não, usar maquiagem ou estar sempre natural, nós todas temos rachaduras em nossos corações e vidas, como as rachaduras e cicatrizes que nós vimos naqueles belos e variados vasos.

Você se identifica com algum desses vasos? Qual deles descreve melhor você e por quê? _____
_____
_____
_____
_____

Faça uma auto análise em papel a parte, e escreva os erros e feridas do passado, incluindo situações que não aconteceram por falhas suas, que fizeram você se sentir um vaso quebrado ou rachado.

Agora vamos olhar os vasos mais de perto. Você acha que talvez um vaso rachado, colado, quebrado, com grandes buracos e rachaduras largas, possa se sentir inferior ao lado de um estupendo Ming azul e branco? Provavelmente, sim, não é? Talvez, afinal vejamos que não deveríamos, porque todas nós somos vasos quebrados, vistos por fora ou não. Veja você: se virarmos aquele Ming que parece perfeito, você verá que um bom pedaço da parte de trás está faltando. Pela frente, você não conseguia ver. Assim como a maioria das mulheres de hoje, que mostram uma falsa aparência, pensando que ninguém verá a dor real, a real quebradura de suas vidas. Mas elas estão morrendo por dentro, sentindo-se sem valor, e inúteis.

Agora, imagine mais uma vez comigo. Lembra-se das velas em cada um? Vamos apagar as luzes e acender as velas dentro. O vaso com aparência perfeita, mesmo aquele com a parte de trás totalmente quebrada, parece escuro de frente. Você não consegue ver a bela luz brilhando dentro. Mas e o lamentável vaso rachado e torto que foi colado? Brilha forte para todos ao redor, dando bela luz para que todos os outros ao redor vejam. Novamente, assim são nossas vidas.

Se tentarmos esconder dos outros as nossas rachaduras, nossas falhas, nossas lições dolorosas de vida, então pareceremos ser nada mais do que um vaso pintado. Nossas rachaduras se tornam algo belo somente quando nós as entregamos para o Salvador e permitimos que Ele brilhe a Sua luz através de nós, da mesma maneira que a luz da vela brilhou através daquele vaso torto. Deus usará nossas rachaduras para encorajar outros, que são também vasos rachados, ainda sem esperança da Luz do mundo, Cristo brilhando neles.

No livro de Isaías, Deus nos fala que um Salvador virá para tirar os pecados do mundo. Deus sabia que não poderíamos nos livrar dos nossos muitos pecados sozinhos, então Ele proveu uma maneira de fazê-lo por nós. Ele também descreveu o que será para nós depois que isso se cumprir.

Leia Isaías 1:18. O que Isaías diz sobre o nosso pecado e sobre nós?

_____
_____
_____

Até que voltemos a Cristo em arrependimento, a grande carga de culpa em nós irá nos paralisar, aleijar e roubar de nós a alegria. Nós, muitas vezes, perdemos a esperança de sermos usadas para propósitos maiores na vida. Somos deixadas com um sentimento de desesperança, inutilidade, e totalmente sem esperança de achar uma maneira melhor de vida. Deus, em Seu infinito amor e sabedoria, sabia que precisávamos de uma maneira para sermos livres da culpa. A confissão definitivamente limpará a alma e nos libertará da vida estilhaçada causada pela autocondenação. É algo surpreendente percebermos que o Poderoso Deus de todo o universo nos amou o suficiente para levar a culpa por nossos erros mesmo quando não merecíamos! Isto, minha amiga, é o que chamamos de graça, favor e misericórdia imerecidos de Deus. O amor Dele nos dá uma passagem grátis para uma vida de paz, alegria, satisfação, vitória e significância! Como pode alguém virar as costas para esse tipo de amor, essa vida livre de culpa?

Depois que pedirmos a Cristo que entre em nossas vidas, nós nos tornamos um vaso limpo e puro aos olhos de Deus. Para Ele, é como se nunca tivéssemos pecado em primeiro lugar. Parece-me que temos problema em perdoar e esquecer nossos pecados, mas Deus não tem! Precisamos perceber que por causa do amor de Deus, uma vez que nós genuinamente nos arrependemos, não temos mais de carregar a culpa do nosso passado.

Quando nossos vasos são rachados por causa de abuso amontoado sobre nós por outro, sem falha nossa, Deus tem um cuidado extra especial e amoroso conosco. Às vezes Ele escolhe meios extraordinários para nos curar e nos dar uma esperança e um futuro, para que possamos cumprir nossos destinos.

Você se lembra da história de Ester, de ontem? Ela era uma órfã, e uma órfã judia. Veja você, o seu povo, o judeu, havia sido levado por Nabucodonosor para a escravidão três gerações antes. Seu povo ainda era muito odiado por muitas pessoas de Susã. Após ficar órfã, somente Mordecai, seu primo, foi deixado para educá-la e cuidar dela. Ela teria sido considerada "uma ninguém" pela maioria das pessoas e tenho certeza que, em muitas situações, deve ter se sentido totalmente insignificante. Mas, pelo plano divino de Deus, Ester estava destinada a se tornar a rainha de todo um reino!

Leia o capítulo 2 de Ester novamente.

Semana 2: Onde está o meu Cavaleiro com Armadura Brilhante?

Que atitude Ester demonstrou primeiramente ao ser trazida ao palácio do rei, para passar pelo processo de embelezamento durante 12 meses?

_____
_____
_____

Qual foi a atitude dela quando foi mandada ao rei?

_____
_____
_____

Obviamente, ela não pediu para ser levada do único lar que havia conhecido, para o harém do rei, e submeter-se às mudanças, para impressionar o rei! Porém, era evidente que ela aceitou a intromissão em sua vida com graça e charme. Foi dito que todos que a viram, favoreceram-na. Nós todas sabemos que beleza vem de dentro. Se Ester tivesse somente sua beleza exterior, você acha que continuaria a impressionar a todos ao seu redor durante 12 meses? Nenhuma chance! As pessoas notam a beleza exterior e são influenciadas por ela, mas somente por algum tempo. Para ganhar favor eterno das pessoas ao seu redor, você precisa ter beleza interior, uma disposição que brilha mesmo em tempos difíceis.

Você tem esse tipo de beleza? A única maneira de possuir essa beleza eterna é permitir que Jesus brilhe através das suas rachaduras!

DIA 3 - MEDITAÇÃO
VOCÊ É VALIOSA AOS OLHOS DE DEUS - PARTE 2

Hoje, a sua lição de casa consistirá em apenas ler e orar. Continue lendo a história de Ester nos capítulos 3 e 4.

As mulheres, em toda caminhada da vida parecem lutar com a forma com que elas se enxergam. Evidentemente isso inclue mulheres de grandes sucessos, como também as mulheres comuns, como você e eu. Mesmo depois que aceitamos a Cristo como nosso Salvador pessoal, nós, muitas vezes experimentamos culpa que pode ser poderosa o suficiente para nos imobilizar no reino de Deus. Aquele príncipe guerreiro do mal sobre quem nós lemos na apresentação desta semana, procura acorrentar toda princesa no seu castelo de inferioridade.

Recentemente vi Diana Hagee, esposa do pastor John Hagee, compartilhar o testemunho dela na TV. Ela disse que não escapou desta enfermidade. Uma das maiores lutas em sua vida foi com a sua autoestima porque ela não tinha nenhum treinamento formal e não era talentosa nas áreas que se espera que uma mulher de pastor seja treinada. Como ela se sentiu inadequada para o trabalho do Senhor!

Eu certamente me identifico com isso! Escutei a história dela quando estava lutando com o chamado de Deus em minha vida, em novembro de 2002. Não sou esposa de pastor, então eu não tive de enfrentar as pessoas da igreja esperando o impossível de mim, como ela teve. Eu tive apenas de responder aos mais próximos, e eles nunca colocaram a mínima pressão em mim para aceitar esse chamado. Mesmo assim eu me senti totalmente intimidada, sem valor, sem treinamento, mal equipada e totalmente inadequada a atender o chamado de Deus, primeiramente para escrever este estudo. Mas agora o chamado de Deus é para eu compartilhar o estudo com mulheres e muito mais.

Eu pensei: "Certamente não eu, Senhor!" Eu não tenho uma graduação que me qualifique a escrever um estudo assim. Certamente nada no meu passado me tornou um pouco digna de ficar em pé e compartilhar com outras que nem mesmo me conhecem!

Da maneira que o mundo vê as coisas, meu treinamento para esse trabalho é tudo, menos adequado. Mas veja você: Aquele que me chamou para essa tarefa é adequado, educado, treinado e equipado. Ele é capaz de usar um "não aprendiz" em qualquer tempo que Ele assim escolher. Deus não necessariamente chama os capacitados, mas Ele capacita os chamados!

Deus graciosamente confirmou esse chamado para mim através de Sua Palavra em 1 Tessalonicenses. Em todo o livro Ele continuou a falar ao meu coração em confirmação de que Ele havia realmente me chamado para trabalhar em Seu reino, no ministério integral para mulheres, através deste estudo.

Mesmo assim, eu continuei perguntando: "Por que eu, Senhor? Eu simplesmente não entendo! Há muitas mulheres muito mais qualificadas, educadas, que poderiam fazer esse trabalho muito melhor do que eu!" Finalmente, oito dias depois que Ele me convenceu deste chamado, Ele em Sua graciosa misericórdia me mostrou o porquê.

Por favor, leia 1 Coríntios 1:24-31. Quem foi que disse que Deus não tem senso de humor? Eu continuava dizendo a Deus que não era qualificada, não era inteligente o suficiente, certamente não tinha um nome conhecido. Quem iria me escutar? Eu não era rica ou famosa, e não tinha nenhuma graduação para aquecer meu ego.

Como poderia eu realizar algo para o Seu reino?

A resposta Dele foi que, de fato, eu não podia. Ponto final. Portanto, se algum sucesso viesse desse pequeno projeto, seria conhecido por todos como sendo Dele mesmo! Ele receberia todo o louvor, honra, e glória de qualquer jeito e todas as coisas boas que acontecessem na vida das pessoas que se submetessem aos Seus ensinamentos.

Aleluia! Finalmente, eu havia achado uma resposta com a qual eu poderia viver! Deus concordava comigo ou melhor, eu tinha concordado com Deus em todo tempo, somente não sabia!

Note esses versos (em 1 Coríntios 1) novamente. Eles confirmam:

1. Eu sou louca (de acordo com os padrões do mundo);
2. Eu não sou famosa;
3. Eu sou fraca (mostrando a força Dele);
4. Eu não sou pessoa de influência.

Mas tenha cuidado! Estes versículos também confirmam que é exatamente por isso que Ele me escolheu! Escolhendo alguém como eu, não há dúvida de que Ele é quem é sábio, forte e capaz de alcançar e mudar as vidas e corações das mulheres!

Ninguém duvida de onde o sucesso vem! Ele promete que confundirá os sábios (educados) deste mundo e anulará o pensamento desse mundo secular.

Então novamente, por que Ele chamaria alguém como eu quando Ele poderia usar todas as pessoas estudadas, sábias, famosas que Ele poderia escolher?

Semana 2: Onde está o meu Cavaleiro com Armadura Brilhante?

Leia o verso 28 e 29 novamente e escreva a resposta.

_____

_____

Deus é capaz de tomar os candidatos mais improváveis e transformá-los em vasos que Ele pode usar para Sua honra e glória! Tudo o que Ele precisa é da nossa disposição. E tudo o que Ele precisa é que nós paremos de nos preocupar se somos ou não inferiores e percebamos algo: nós, de fato, somos! Dentro de nós e em nós, somos inferiores, somos faltosas, mas quando nos tornamos filhas do Rei Jesus é que adquirimos Sua justiça, Sua suficiência! Quando vivemos tendo fé Nele, Ele trabalha através de nós de uma maneira que nunca tínhamos sonhado ser possível. Ele pode fazer estas coisas e Ele quer fazer estas coisas! O Seu reino cresce através do uso que Ele faz do Seu povo.

Amada, sua justiça não tem nada a ver com o que você tenha ou não tenha feito. Tem a ver com Jesus e com o que Ele fez. Quando você pede que Ele entre em sua vida como Senhor e Salvador, o Pai vê somente a justiça Dele quando olha para você.

Vejam meninas, isso nada tem a ver conosco; tem a ver com Jesus e a sabedoria Dele, o entendimento Dele, Suas forças, Seus planos, Suas realizações em nós e através de nós e Sua vitória declarada!

Se permitirmos que o príncipe guerreiro do mal nos imobilize no serviço do reino de Deus, devido a sentimentos de culpa, insegurança e inadequação, então os outros ao nosso redor sofrerão também. Aqueles a quem Deus quer alcançar através de nós não serão alcançados e vidas serão deixadas imutáveis. Não devemos deixar isto acontecer!

O inimigo procura mantê-la presa em sua miséria, culpa, e dúvida. Ele procura fazer absolutamente qualquer coisa para afastá-la do cumprimento do seu destino em Cristo. Pense nas pessoas que nunca terão Cristo como Salvador, nunca encontrarão encorajamento, sabedoria ou fé, por que o inimigo manteve você calada. Elas estão lá fora, esperando o Cavaleiro em armadura brilhante que virá e as resgatará. Elas dependem de você para contar-lhes sobre a liberdade através de Cristo.

Você está disposta a tentar? Você está disposta a ser resgatada? Você está disposta a ajudar a achar outras que precisam ser resgatadas também?

Considere Ester. Ela era uma candidata improvável; mesmo assim, Deus a usou de uma maneira grande e poderosa para ser parte da mais maravilhosa tentativa de resgate de sua época! Você percebeu na sua leitura de Ester que ela recebeu as bênçãos de Deus com graça, beleza e ações de graça? Você tem vivido com culpa, sem receber as bênçãos de Deus em sua vida por que sente que não as merece?

Você precisa mesmo perceber que não as merece, mas se Cristo se tornou seu Senhor e Salvador, é a dignidade Dele que a torna digna também.

DIA 3 - EXERCÍCIO PRÁTICO

Somente para seus olhos: Ok, meninas. É tempo de confessar, tempo de ter uma conversa franca com Deus. É tempo de, uma vez por todas, colocar para trás todos aqueles pecados, feridas, abusos, sentimentos de inadequação, inferioridade e culpa que a têm mantido presa no castelo. Qual é o nome do castelo onde o príncipe guerreiro do mal tem tentado mantê-la prisioneira? Escreva sua própria história diante do Senhor. Depois que o fizer, permita que Ele resgate você definitivamente e Lhe peça que mostre o destino para o qual você nasceu.

_____
_____
_____
_____
_____
_____
_____
_____
_____
_____
_____
_____
_____
_____
_____
_____
_____
_____

DIA 4 - MEDITAÇÃO
VOCÊ É VALIOSA AOS OLHOS DE DEUS - PARTE 3

Leia Ester, capítulo 5. Ontem passamos tempo na história de Ester e tocamos em nossa própria luta pessoal sobre insegurança e inadequação. Enquanto Deus continuava a me ensinar e dar a melhor instrução possível através da Sua Palavra, Ele me levou a perceber o que realmente queria dizer isto quando afirmou que me fortaleceria em todas as coisas que Ele havia me chamado a fazer.

Nossas inseguranças criam outros sentimentos de inferioridade, inadequação, culpa, rejeição, depressão e desvalorização. Esses sentimentos nos farão calar diante do trabalho que Deus nos chamou para fazer e farão com que nos sintamos inferiores às pessoas ao nosso redor. Nós nos tornamos críticas, ciumentas, amargas ou zangadas, fazendo com que nós mesmas e as outras pessoas ao nosso redor fiquem tristes.

Poderemos agir de maneira altiva ou agressiva, ou sucumbir de tristeza por vivermos centradas em nós mesmas e em nossas inadequações.

Em Efésios 4:1-2, Paulo nos adverte, "eu, portanto, o prisioneiro do Senhor, os advirto a andar dignos do chamado em que foram chamados, com lealdade e gentileza, com sofrimento, sustentando uns aos outros em amor". O que isso significa?

___

___

___

Leia Deuteronômio 28:1-14.
O que Deus disse que nós somos?

___

Minha amiga, quem somos nós para discordarmos de Deus? Se Deus nos deu Sua bênção, e esses versículos deixam isso claro então nós só precisamos crer Nele.

Leia Efésios 6:10. Quando Deus diz, "somos fortes no Senhor", não brigue com Ele. Somente aja de acordo com a declaração Dele e seja forte.

Mateus 5:14 diz que nós somos a luz do mundo. Isso é o que Deus pensa de nós. Será que poderíamos parar de nos preocupar com o que os outros pensam de nós e nos concentrar naquilo que o Senhor pensa sobre nós? Se crermos Nele, então podemos nos aceitar como somos. Uma autoimagem realmente positiva vem quando aceitamos o que Deus fala sobre nós. Nossa autoestima será equilibrada e positiva quando aprendermos a nos ver como Deus nos vê. Lembre-se, depois de termos sido salvas, Ele nos vê através da justiça de Seu filho, Jesus.

Quando caírmos em pecado (e até as mais dedicadas poderão vir a cair), ao invés de nos abatermos e ficarmos inúteis, precisamos:

1. Confessar;
2. Esquecer;
3. Pedir forças para evitar este pecado no futuro;
4. Nos levantar e seguir adiante na força do Senhor!

Nossa inadequação se tornará adequação quando permitirmos que Ele faça o Seu trabalho em nós e através de nós. Então nosso destino será cumprido.

Minhas irmãs, Deus tem um plano para sua vida. Ele quer usá-las para trabalhos poderosos e grandiosos para Seu reino, obras que trarão outros para esse reino também. Você permitirá que Ele faça isso? Amanhã terminaremos a linda história de Ester e entenderemos o que é o destino!

DIA 4 - EXERCÍCIO PRÁTICO

Você pôde se identificar com algo dessa história? Você se sente insegura quanto a quem você é em Cristo? Se sim, vamos colocar o preto no branco para que possamos começar a ver as correntes se afrouxarem, as que nos mantiveram presas por tanto tempo! Marque com um sinal as situações de insegurança que têm impedido você de servir a Deus da maneira que Ele quer.

- Eu simplesmente não sou boa o suficiente para ser usada por Deus.
- Meu passado é demasiadamente ruim, meus pecados muito grandes.
- Não sou bela o suficiente.
- Sou jovem demais.
- Sou velha demais.
- Não sou suficientemente inteligente.
- Não sou educada o suficiente.
- Não venho de uma família muito boa.
- Sou pobre demais; sou rica demais.
- Fui física ou sexualmente abusada pelo meu marido, pai e mãe, ou outro ente querido, então eu sou indigna.
- Fui violentada; Deus não pode usar uma vítima.
- Usei drogas e/ou álcool; eu sou muito ruim.
- Vivi uma vida promíscua, então Deus não me quer.
- Já fiz um aborto; Deus certamente não poderá me usar.
- Tenho um registro na polícia; ninguém me ouviria.
- Venho de um lar alcoólatra.
- Sou branca; eu sou negra; eu sou estrangeira; eu sou judia; eu sou gentio; eu sou da raça errada.
- Moro na vizinhança errada.
- Não tenho antecedentes religiosos suficientes para que Deus me use.

Liste outros que vêm a sua mente:
_____
_____
_____
_____
_____
_____

Minha irmã, precisamos nos juntar e permitir que a mão curadora de Deus de uma vez por todas nos liberte das mentiras de Satanás, que nos diz que não somos amadas, que somos inúteis no reino de Deus. Deus fala diferente. Deus diz que Ele nos quer, e quer nos usar. Eu escolhi crer Nele ao invés de crer no inimigo. E você?

DIA 5 - MEDITAÇÃO
VOCÊ TAMBÉM TEM UM DESTINO

Leia Ester, capítulos 6 ao 9. Que história incrível! Deus pegou uma garota órfã e escrava e a tornou rainha sobre todo o império, e depois a usou para salvar toda a raça judia do extermínio. Você percebeu que através de toda sua história, Ester foi muito humilde? Ela nunca se vangloriou, ao invés disso obedeceu ao Senhor silenciosamente naquilo que Ele queria que ela fizesse. Por causa de seu espírito humilde, porém forte, Deus pôde fazer coisas grandes e maravilhosas através dela. Quando Ester soube do problema, não correu direto para o rei gritando-lhe suas opiniões. Ela orou, jejuou, e buscou as orações dos outros também. Ela seguiu o que o seu líder espiritual na Terra sugeriu e respeitosamente foi diante do rei com seu pedido. Então, corajosamente, contou-lhe a verdade no tempo certo. Há muito a aprender com essa grande mulher de Deus!

Oração de uma princesa:
Você já pediu para Jesus ser seu Salvador e Senhor?

_____

Se não, faça-o agora. Volte ao capítulo 1, dia 4 e siga as instruções e os versículos lá encontrados. Jesus, o Senhor de todo o universo, está em pé com os braços bem abertos para que você se aproxime Dele para perdão, cura, paz e alegria. Não espere mais, venha até Jesus agora.

_____
_____

Estando certa de que Cristo é seu Senhor, escreva a Ele uma carta contando tudo sobre estas inseguranças que têm impedido você de achar seu destino Nele. Peça-Lhe que cure sua mente e lhe dê a liberdade que Ele prometeu.

Meninas, se continuarmos a nos prender nestas questões, nunca experimentaremos a liberdade que Cristo oferece a cada uma de nós. Uma vez que pedimos a Ele que entre em nossa vida, Ele nos perdoa completamente e esquece nosso passado. Nenhum problema é tão grande que Ele não resolva em nossa vida. Agora é o tempo de termos paz com nosso Deus a respeito de nosso passado.

Conte a Ele sobre todas estas inseguranças que a têm prendido por tanto tempo. Seja profunda, honesta e pessoal com Deus. Lembre-se que Ele já sabe quais são elas e como a têm afetado, mas Deus quer escutar que você as reconhece também, e está pronta a submetê-las a Ele para cura de seu coração e mente.

Confesse a Deus sua desobediência de se ver apenas pela sua perspectiva e não como Ele a vê. Peça que Deus a perdoe por não concordar com Ele sobre quem você é em Cristo. _____
_____
_____
_____
_____
_____

Você está pronta para reivindicar sua posição como princesa? Como filha do Rei? Se sim, diga a Deus agora. Se não, o que você está realmente dizendo a Deus é que você não crê na Palavra Dele. Deus não faz acepção de pessoas.

Peça a Deus que revele a você o seu destino, e lhe dê a coragem e força para permitir-Lhe cumpri-lo em você e através de você, assim como Deus fez pela órfã judia, Ester, que ajudou a mudar a história!

Semana 3
Filhos Lambuzados e Mães Esmigalhadas
Senhor, tem de ser tão difícil?

Você de vez em quando se desfaz em lágrimas no fim do dia porque, entre as crianças choramingando, a bagunça, o telefone tocando, o cachorro latindo e todas as outras responsabilidades, sente que não consegue fazer mais nada?

Todo esse estrago em sua vida faz você se perguntar se não estaria perdendo sua sanidade? Em um minuto você sente que nunca mais vai parar de chorar, e no minuto seguinte acha que seu temperamento esquentado entrou em erupção como um vulcão e deixou uma montanha de emoções feridas por toda a família. Ou talvez sem nenhuma razão você se encontra histericamente gargalhando naquele último copo de leite derramado? Oh, mas espere um minuto, aí vêm lágrimas novamente! Às vezes você se sente como se fosse se esmigalhar, como o biscoito que seu filho de 2 anos está enterrando no tapete novamente?

E falando do filho de 2 anos de idade, ele e seu irmão de 4 anos estão lambuzados de novo? Mas você não acabou de limpá-los há 30 minutos atrás? E por que nunca há paz em sua casa?

Paz! Você conhece a palavra. Deus fala sobre ela em todo tempo na Bíblia! Você gostaria de um pedaço dessa rara comodidade? O seu lar é mais parecido com uma zona de guerra do que uma zona de paz?

É por isso que você termina tantos dias num estado de ultrajante confusão e exaustão? A realidade triste é que muitas mães começam seu dia desta maneira não santa!

Tem de ser desta maneira? Não, não se estivermos dispostas a escutar e aprender do Mestre Construtor de Lares!

Há uma maneira melhor, e começa com algumas palavras chaves: disciplina emocional e comportamental, e uma nova postura. Nada pode sugar sua energia, sanidade, tempo, estabilidade emocional e uma atitude positiva tão efetivamente como um horário indisciplinado e uma amostra de emoções descontroladas. Mesmo que a vida no século XXI seja cheia de pressões de tempo, demandas impossíveis, horários de trabalho apertados, e tarefas infinitas, nós podemos manter nossa sanidade! Mesmo com macaquinhos fazendo estrago no nosso horário apertado, podemos aprender a viver num estilo de vida mais pacífico e sano; você consegue imaginar?

Semana 3: Filhos Lambuzados e Mães Esmigalhadas

CHORAMINGADORES ABORRECENTES

1. Já são 9 horas! Eu realmente deveria estudar minha lição bíblica agora, mas gostaria de ir ao Carrefour antes que a multidão chegue lá! Estudarei depois!
2. Caramba, eu não queria ficar tanto tempo no Carrefour, mas eles realmente sabem fazer uma liquidação! Eu sei que não deveria gastar nenhum dinheiro esta semana, mas o Bill terá que superar isso!
3. Que coisa, crianças, teremos que parar no McDonalds para o almoço!
4. Esta casa está uma bagunça, mas quero colocar minhas cortinas novas! Lavarei a louça depois!
5. Ah não, crianças! Peguem seus brinquedos, está quase na hora do papai chegar em casa!
6. O que será que eu vou fazer para o jantar? Não é justo! O Bill sai do trabalho às 17:00, mas o meu serviço parece que nunca tem fim!
7. Crianças, EU DISSE PARA PEGAR OS SEUS BRINQUEDOS!
8. Não! Mamãe, nós queremos brincar!
9. É melhor vocês me obedecerem. AGORA.
10. Mamãe, você é má! Venha nos ajudar!
11. Ok garotos, cheguei no limite! Vou contar até 3! 1...2...3... Façam agora ou vocês vão ver!
12. Nós não queremos! BUÁÁÁ - QUEREMOS BEBER ALGUMA COISA.
13. Eu queria o copo azul! BUÁÁÁ...
14. Não, eu quero o copo azul! BUÁÁÁ...
15. Oi querida. Cheguei... O que é essa algazarra? E por que está tudo uma bagunça?
16. (chorando) Essas crianças não obedecem! O dia todo eu limpo a casa e troco fraldas, e agora você quer saber o que faço o dia todo! Eu aposto que você agora quer saber o que tem pro jantar!
17. Mamãe, eu estou com fome! Eu quero comer agora!
18. Sim, querida, o que tem pro jantar?
19. Bem, você vai ter que me ajudar a fazê-lo!
20. Querida, eu estou cansado também! Eu tive que descarregar três caminhões de móveis hoje e eu estou...
21. Bem, eu dou duro também! Você deveria ter que cuidar destas crianças e desta casa todo dia e o dia todo! E o meu trabalho não termina às 17:00 como o seu!
22. Mamãe, eu derramei chocolate na minha cabeça!
23. Tudo o que eu escuto são berros e choradeira!

DIA 1 - MEDITAÇÃO
VOCÊ QUER QUE EU FAÇA O QUÊ?!

Em Tito 2:3-5 da Bíblia Amplificada lemos: "Semelhantemente, ensine as mulheres mais velhas a serem reverentes na sua maneira de viver, a não serem caluniadoras nem escravizadas a muito vinho, mas a serem capazes de ensinar o que é bom. Assim, poderão orientar as mulheres mais jovens a amarem seus maridos e seus filhos, a serem prudentes e puras, a estarem ocupadas em casa, e a serem bondosas e sujeitas a seus maridos, a fim de que a palavra de Deus não seja difamada."

Não é maravilhoso saber que Deus está interessado em nossas vidas, incluindo todos os pequenos detalhes que roubariam a vitória de cada dia? Não é maravilhoso saber que Ele promete nos guiar toda vez que pedirmos a Ele?

A principal maneira pela qual Ele nos ensina a cometer menos erros é através da Sua Palavra. Muitas vezes, no início da minha vida cristã, eu me perguntava o que Deus queria que soubesse sobre como ser uma boa esposa e mãe. Eu queria saber das coisas que poderia fazer para agradar, queria saber como me tornar eficiente para poder influenciar eficazmente a vida de meus filhos para sempre. O que poderia eu fazer para ajudar meu marido e eu a termos o tipo de casamento que durasse a vida inteira?

Na busca da vontade de Deus para minha vida, descobri que Ele tinha deixado escrito o que fosse necessário e suficiente para eu alcançar uma vida bem-sucedida, alegre e feliz, não só como esposa e mãe, mas também individualmente.

Descobri que um dos trechos mais informativos das Escrituras sobre o assunto é a passagem que lemos acima, de Tito 2:3-5. Esta é provavelmente a passagem mais precisa, compacta e porção informativa das Escrituras que foi escrita exclusivamente para mulheres e, portanto, é a base para este estudo.

Coloquei acima estes versículos da Bíblia amplificada porque incluem mais explicação do texto original do que a maioria das outras versões. É dessa versão que tiraremos nossas lições semanais. Esses versículos listam sete princípios que Deus quer que as mulheres mais velhas ensinem às mulheres mais jovens.

1. A viverem uma vida disciplinada e autocontrolada, com uma boa postura.
2. A amarem os maridos.
3. A amarem os filhos.
4. A serem discretas e experimentarem emoções equilibradas.
5. A viverem uma vida espiritual pura (em afeto, em palavras e ações).
6. A serem encarregadas da casa.
7. A se adaptarem aos maridos.

Iniciaremos o estudo deste versículo com o primeiro tópico: viver uma vida disciplinada e autocontrolada, com uma boa postura! Eu posso escutar você agora: "Está bem, Brenda. Por que você não me pede para andar sobre a água, e terminar com isso?" Me acompanhem, garotas! Eu prometo que o Senhor nos dará habilidade para fazer o que Ele pede. Esperem e vejam!

Aqui a palavra grega *sophronize* é traduzida como sóbria. O que você automaticamente pensa quando escuta a palavra sóbria?

_____

_____

A maioria das pessoas imediatamente pensa em sobriedade relacionada ao álcool ou drogas. Aqui neste texto, a palavra sóbria se refere ao estado de espírito, não a um estado físico. A Concordância Exaustiva de Strongs define *sophronize* como "mente saudável, temperança, disciplinada, ou passível de correção."

Em outras palavras, Deus está nos dizendo que devemos ser disciplinadas e obedientes, o que deve resultar em uma mente saudável e sã!

Por favor, me diga como uma pessoa pode ter uma mente sã quando vive em um zoológico? Pode alguém viver em uma casa com crianças lambuzadas e mães esmigalhadas e chegarem próximas de serem sãs? Se nós pudermos crer em Deus - e certamente podemos! - então há uma esperança para todos nós que vivemos em um zoológico louco e bagunçado neste mundo!

Descreva um dia normal na vida de sua família. Inclua na descrição uma nota sobre os hábitos de obediência de seus filhos. _____

_____
_____
_____
_____
_____
_____

Leia Provérbios 22:15. De acordo com esse versículo o que há no coração de uma criança? _____

O que removerá a tolice de seu coração? _____

Há alguma implicação do que acontecerá se for permitido que a tolice continue?_____

Se essa criança se tornar um adulto indisciplinado, o que preencherá seu coração? _____

Leia 1 Coríntios 13:11. De acordo com esse verso, o que nós, como mulheres adultas cristãs, precisamos fazer agora?

_____
_____

Permita-me terminar a lição de hoje com outra pergunta? Se a mulher, a esposa, a mãe da casa é indisciplinada e desobediente, como poderá ensinar um filho a ser disciplinado e obediente?

DIA 1 - EXERCÍCIO PRÁTICO

A tarefa de hoje é simples, porém difícil. Primeiro ore e peça ao Senhor para que Ele se revele a você enquanto aplica a Palavra Dele no seu coração e vida durante essa semana.

Olhando para sua infância, os seus pais ou responsáveis insistiram na sua obediência? Eles disciplinaram você amavelmente quando você se rebelava?

_____

_____

Avalie os hábitos de sua vida em relação a você mesma como mulher disciplinada, esposa e mãe. Você às vezes se rebela para com a instrução de Deus para sua vida? _____

_____
_____
_____
_____
_____

DIA 2 - MEDITAÇÃO
O PROBLEMA...

A lição de ontem deu uma boa cutucada, não? Você sentiu tanta convicção na área de disciplina quanto eu? Deus está buscando nos ajudar a sermos mulheres disciplinadas para que possamos efetivamente ensinar os nossos filhos a serem disciplinados.

O que você pensa quando escuta a palavra disciplina?

_____
_____

A maioria das pessoas pensa em punição quando escutam a palavra disciplina, mas você sabia que disciplina e obediência são sinônimos? Se somos disciplinadas, somos obedientes. As duas ações andam lado a lado. Punição não é disciplina, punição é a consequência de quando não nos disciplinamos.

Agora vamos olhar uma outra área com a qual lutamos às vezes, e este é o problema: a reclamação quando as coisas não saem da maneira que queremos.

Você às vezes se lamenta, especialmente quando as responsabilidades interferem em outras coisas que gostaria de fazer?

_____

Seus filhos às vezes reclamam quando são obrigados a obedecer?

_____

Uma das razões pelas quais os adultos choramingam ou lamentam é por que somos basicamente pessoas egoístas, e a menos que o Espírito de Deus controle nossa vida, preferimos seguir nosso próprio caminho! Outra razão pela qual nós sempre lamentamos é porque somos temerosos.

Às vezes nós somos medrosos para seguir a direção de Deus por que não entendemos as razões dela, e temos medo dos possíveis infortúnios que as mudanças possam causar. Temos medo de que a estrada de mudanças seja mais difícil que o caminho que já percorremos. Vamos encarar a realidade: nós seres humanos raramente gostamos de mudanças, especialmente se pensarmos que a mudança será difícil. Preferimos manter os problemas atuais, porque pelo menos sabemos quais são e já estamos lidando com eles.

Nossos filhos reagem da mesma forma às nossas direções, pelas mesmas razões.

Por exemplo, na primeira vez que seu filho tem uma dor de dente, você o leva ao consultório do dentista. Ele pode reclamar porque está com medo de que você não o ajudará se pedir ajuda. Ele está com medo de ser machucado.

Ele preferiria viver com essa dor familiar, mas dolorosa, do que adentrar com fé num território desconhecido!

Mesmo tendo-lhe dito que você estará lá com ele e o protegerá de qualquer coisa, e mesmo tendo prometido que não terá mais dor de dente se obedecer, mesmo assim ele não quer entrar no consultório. O medo dele é maior que a fé em você, sua amada mãe.

A Bíblia é cheia de exemplos de adultos agindo como criança e se lamentando quando estavam amedrontados ou quando as coisas não saíram ao jeito deles. O lamento sempre envolve:

1. Ter que desistir de algo familiar por algo desconhecido, de algo fácil por algo que parece mais difícil.
2. Mostrar uma falta de fé em Deus, o Pai amado que oferece liberdade e esperança.

Como você pensa que Deus lida conosco quando agimos como filhos indisciplinados e desobedientes?

_____

_____

Nós estudaremos a história que é provavelmente a mais famosa já contada sobre filhos lamentadores, desobedientes, incrédulos, mas eu creio que isso acontecerá de uma forma bem diferente da que você já estudou antes.

...A SOLUÇÃO - PARTE I

Por favor, leia Êxodo 13:17-22 e 14:1-12.

Como pano de fundo, precisamos relembrar os principais fatos que levaram à Êxodo 13:17. O povo de Israel estava escravo e cativo dos egípcios por muitos anos. A mãe de Moisés, Joquebede, havia desafiado a lei egípcia e escondido seu filho, Moisés, em uma cesta e o havia colocado em um rio. Ela confiou completamente em Deus para intervir na vida de seu filho. Uma das únicas pessoas no reino que tinha autoridade para salvá-lo, a filha de Faraó, o achou, teve misericórdia dele e chamou uma ama para cuidar dele até que fosse desmamado.

A filha de Faraó pediu a Miriam, a irmã de Moisés, para achar uma ama. Naturalmente ela o levou à sua mãe que o amamentou e cuidou dele. Por causa de sua fé, Joquebede viu como Deus protegeu o seu filho.

Depois que Moisés foi desmamado, cresceu na casa de Faraó e se tornou forte em caráter e especial no reino. Quando adulto, ele viu alguém de seu próprio povo, um judeu, ser machucado. Num momento de ódio, ele matou o egípcio e fugiu para o deserto, temendo ser morto pelo seu crime.

Quarenta anos depois, após escutar o chamado de Deus para sua vida e amadurecer na fé, Moisés voltou para o Egito exigindo que Faraó libertasse o povo dele e permitisse que eles fossem à terra que o Senhor havia prometido. Através de Moisés, o povo viu Deus operar milagres que convenceram Faraó a finalmente garantir liberdade ao povo de Israel. Neste processo, veja todos os sinais que Deus usou para mostrar ao povo de Israel sua presença:

1. Eles sabiam de como Deus salvara a vida de Moisés quando criança.
2. Eles sabiam do milagre de como ele havia sido criado no palácio.
3. Eles viram como Deus interferiu a favor deles, para assegurar-lhes a liberdade, mesmo depois de Moisés ter cometido assassinato e retornado a Faraó debaixo de medo de morte.
4. Para provar o desejo de Deus de ver o Seu povo livre, Deus não mandou somente uma, mas 10 pragas para os egípcios.

Semana 3: Filhos Lambuzados e Mães Esmigalhadas

5. A última praga, que foi a visita do anjo da morte contra todos os primogênitos dos egípcios e seus animais (a primeira páscoa), levou Faraó a finalmente concordar em libertar os judeus.

Aqui é onde chegamos a Êxodo 13:17. Aqui aprenderemos sobre Deus, o Pai amado, e Seus filhos que demonstraram uma incrível falta de fé com seu comportamento indisciplinado e desobediente.

Você já se perguntou como eles puderam duvidar da provisão e proteção de Deus quando O desobedeceram nessa missão? Ele já tinha Se mostrado de forma poderosa e grande!

Em Êxodo 14:10-12, vemos que a reclamação foi a resposta do povo de Deus ao primeiro desafio encontrado ao longo do caminho à Terra Prometida. Na sua opinião, o que levou o povo de Israel a ser tão precipitado em lamentar, reclamar ou duvidar da provisão de Deus? _____
_____
_____
_____

Leia o versículo 12 novamente. Como a primeira visita daquele garoto ao dentista, eles se sentiram mais seguros na própria tristeza conhecida do que na promessa desconhecida de Seu pai, o Deus Pai celestial.

Antes que você seja crítica demais com eles, pergunte a si mesma: Que atos de fé eles tiveram que ter para seguir Moisés em sua direção de Deus? Em outras palavras, o que eles tiveram que deixar para trás para ir para a Terra Prometida? _____
_____
_____

Agora pense em sua própria vida por um momento. Se Deus dissesse para você deixar sua casa imagine que:

1. Você pode levar somente a roupa de corpo.
2. Você pode levar apenas um par de sapatos, aquele que está nos seus pés.
3. Sem escova de dente, sem pasta de dente.
4. Sem banho, sem sabonete.
5. Sem casa.
6. Sem comida, sem água.
7. Sem mapa, somente uma nuvem para seguir.

Agora imagine todas as dificuldades que seus filhos poderão ter também! Baseada em sua história, não seria provável que você reclamaria? _____
_____

Moisés foi o líder apontado por Deus para os judeus. Nós todos temos líderes que Deus aponta para nós seguirmos. Seu marido é um líder. As leis de nosso governo são outro. O seu professor é um e o seu pastor é outro.

Quando Deus lhe dá instruções através de um líder apontado por Ele, você se lembra de tudo que o Senhor fez anteriormente? Você crê que Deus lidera aquele que Ele pediu que você seguisse, ou você muitas vezes se rebela quando o líder lhe dá instruções que não deseja seguir?

49

Para seus filhos, você é este líder. Você precisa entender que nós somos o exemplo mais visível de uma vida disciplinada que os nossos filhos verão. Se não formos disciplinados e obedientes a Deus e aos líderes que Ele colocou em nossas vidas, como podemos esperar que nossos filhos aceitem e obedeçam nossa disciplina?

DIA 2 - EXERCÍCIO PRÁTICO

Seus filhos aceitam sua disciplina e obediência? Liste exemplos de acontecimentos recentes onde eles se rebelaram contra suas instruções.

_____
_____
_____

Ontem nós avaliamos nossos hábitos de disciplina e hoje os hábitos de obediência de nossos filhos. Você vê alguma comparação entre os dois?

_____
_____
_____
_____

Deus revelou alguma área que precisa de melhora na sua vida e na vida de seus filhos? Escreva-a e submeta-a a Deus em oração.

_____
_____
_____
_____
_____
_____
_____
_____
_____
_____
_____
_____

DIA 3 - MEDITAÇÃO
A SOLUÇÃO - PARTE 2

Enquanto crescemos e exercitamos autodisciplina, podemos esperar a paz e alegria que vêm da obediência ao nosso Pai Celestial. Assim também, nossos filhos experimentam paz e alegria conosco quando nos obedecem. É tarefa dos pais ensinar aos seus filhos autodisciplina. Quando o filho falha nisso, o pai precisa fazer por ele. Da mesma maneira se nós não nos disciplinarmos, Deus o fará por nós.

Leia estes versículos e siga os exemplos. No lado esquerdo escreva sobre quem o versículo está falando e no lado direito escreva o que aconteceu.

QUEM	QUAL AÇÃO?
Êxodo 14:10 – O povo	Estava com medo e clamava a Deus por ajuda
Êxodo 14:27b - Deus	Destruiu os egípcios
Êxodo 14:31 e 15:1 - Israelitas	Creram e cantaram louvores a Deus
Êxodo 15:24-25 - Povo reclamou	Moisés orou e Deus deu boa água
Êxodo 15:27	
Êxodo 16:2-3	
Êxodo 16:10	
Êxodo 16:19-20	
Êxodo 16:35	
Êxodo 17:3	

Você entendeu? Deus supriu e os filhos reclamaram. Somente uma vez em todos esses versículos eles disseram "obrigado". Filhos indisciplinados e desobedientes são sempre filhos ingratos, não importa que idade tenham.

Tenho certeza que você, como mãe, sente que não importa o quanto você faça pelos seus filhos, nunca é o suficiente. Você sabia que quando eles têm permissão para reclamar eles ficam mais tristes que você? Todas as crianças agirão dessa forma até um certo ponto, simplesmente porque elas são crianças. Mas você, como mãe, professora, líder deles, tem o dever de fazer com que esse comportamento não continue! Deus deu pais aos filhos porque eles precisam ser ensinados no comportamento certo. Atitudes e comportamentos errados virão naturalmente, e permanecerão com eles até que você os ensine melhor.

Deus não permitiu que o comportamento e as atitudes erradas continuassem sem correção em Seus filhos! Repetidamente, Ele tentou ensiná-los a confiar Nele e ter fé em Sua provisão. Repetidamente Ele mostrou que os escutaria e responderia às suas orações. Ele até os guiou, aparecendo em uma nuvem de dia e em uma coluna de fogo à noite.

Eles se tornaram espiritualmente preguiçosos, e não se importaram em lembrar que se somente seguissem a liderança de Deus, mesmo na luta, Ele os encontraria de uma forma poderosa e grande. E o melhor de tudo, eles seriam usados pelo Todo Poderoso, o criador do universo, para realizar grandes coisas para eles mesmos, para seus filhos e netos!

Como mulheres, Deus nos deu a mesma promessa. Para todas nós Ele tem um plano que nos trará grande alegria. Nós também precisamos entender que qualquer que seja o plano Dele para nós, precisamos passar por desafios durante todo o caminho. Deus nunca nos entregará a vida numa bandeja de prata! Ele nos permite lutar em todo o caminho, porque são as lutas que nos amadurecem e nos tornam fortes. Ele requisita nossa fiel disciplina e obediência para alcançarmos nosso destino. Sem vida disciplinada e obediente, nunca alcançaremos a vitória verdadeira.

Agora vamos comparar a vida de Jesus com os exemplos dados pelos israelitas. Descobriremos que a vida Dele foi completamente oposta à dos filhos de Israel no deserto. Leia Mateus 17:24-27.

Jesus era Deus encarnado, e tinha o poder de se recusar a pagar os impostos injustos, mas Ele deu uma razão clara para pagá-los. Qual foi esta?

_____

_____

Jesus escolheu disciplina e obediência à autoridade do governo, mesmo Ele sendo a maior autoridade de todo o universo! Ele escolheu obedecer por que estava correto. Que simplicidade! Que ausência de egoísmo! Que amável e que exemplo! Jesus nunca fez nada contra Sua Palavra escrita. Ele nos instrue a nos disciplinarmos, a obedecermos às autoridades que Deus colocou sobre nós, mesmo quando não concordamos com elas. É um ato de respeito. Isso produz calma e ordem para com o mundo ao nosso redor.

Jesus levou uma vida de disciplina e obediência. Pense sobre isso. Para começar, Ele não somente obedeceu ao Seu Pai celestial, mas também obedeceu às autoridades terrenas enquanto Ele estava aqui.

Lembre-se da instrução de Tito 2 para esta semana? A palavra grega *sophorize* foi traduzida como "sana, sóbria de mente, temperada e disciplinada." Agora tudo faz sentido! O exemplo de Jesus nos ensina que nossos lares serão sãos quando formos disciplinados e obedientes a ELE e às autoridades que Ele colocou sobre nossas vidas!

Vamos trazer esse exemplo para nossos próprios lares! Como é a sua casa quando seu filho de 3 anos está esperneando por algo que quer? Crianças que gritam, indisciplinadas e desobedientes, de qualquer idade, causam transtorno dentro de casa. Adultos ou crianças, os resultados são os mesmos. Nenhum progresso pode ser realizado quando somos indisciplinados. O mais triste de tudo é que nenhuma pessoa na face da terra é mais infeliz que um filho indisciplinado, seja jovem ou velho.

Quando o filho é pequeno tudo fica paralisado se é permitido que a birra prossiga. Neste caso ele vai chorar até que fique doente, e às vezes até ficará sem ar. Seu rosto ficará vermelho e ficará emocionalmente abalado. Leva horas para que o pobre coitado supere o estresse emocional de ter feito toda essa birra!

Novamente, pense sobre o exemplo da vida disciplinada de Jesus! O resultado é que realizou grandes e poderosas coisas para Seu Pai Celestial e para nós. Se formos disciplinadas, filhas obedientes, de fé, e ensinarmos nossos filhos a serem disciplinados e obedientes também, nós também poderemos realizar coisas grandes e poderosas para nosso Senhor, para nós mesmas, para nossos filhos e os filhos de nossos filhos!

Deus já nos deu Suas promessas! Vamos em frente em fé, permitindo que Ele trabalhe em e através de nós!

DIA 3 - EXERCÍCIO PRÁTICO

Acessos de birra não necessariamente têm que vir acompanhados de chutes e gritos. Os nossos, como adultos, parecem um pouco mais maduros nas ações, apesar de que, a birra nunca tem um motivo maduro.

Você já teve um acesso de birra com Deus? _____

Sobre o que foi?

_____
_____
_____
_____

Como Deus lidou com você?

_____
_____
_____
_____

Seu filho já foi birrento com você?

_____

Sobre o que foi? _____
_____
_____

Como você lidou com isso? _____
_____
_____
_____

Você lidará com isso de forma diferente se acontecer no futuro? Se sim, como? _____
_____
_____
_____
_____
_____
_____
_____

DIA 4 - MEDITAÇÃO
MINHA MÃE COSTUMAVA DIZER: "SEJA UMA BOA GAROTA AGORA..."

Leia Tito 2:3-5. Agora vamos focalizar outra área de instrução deste versículo.

Dependendo da versão que você estiver lendo, verá a palavra "boa", ou talvez "prudentes e bondosas".

Você concordaria ou discordaria da seguinte declaração: Ser prudente é questão de nascimento; ou você é, ou não é. _____

Por estar ligado a temperamento e personalidade, você tem pouco ou nenhum controle sobre isso. Você concorda ou discorda? _____

Você já fez estudos de personalidade ou testes de temperamento? _____

Qual temperamento você tem? _____

Como muitas, eu teria concordado com essas declarações. Nós todas temos uma tendência natural para sermos extrovertidas, introvertidas, irritadas, irresponsáveis com dinheiro, tímidas, preocupadas, etc. Embora aprender sobre seu tipo de temperamento possa ser útil, receio que às vezes usamos esse conhecimento como desculpa para continuar com comportamento inapropriado!

Por exemplo:
1. Alguém com temperamento sanguíneo, poderia dizer: "Eu amo me divertir e não gosto de viver debaixo de horário, então serei desorganizada toda a minha vida!"
2. Alguém com temperamento colérico diria: "Claro, tenho tendência para ser 'estourada', mas esta é a minha maneira de ser, então terei que viver com isto."
3. Alguém com temperamento melancólico diria: "Sim, eu sou perfeccionista! Você tem que levantar-se bem cedinho para me agradar!"
4. Alguém com temperamento fleumático diria: "Ah, deixa para lá! Descansar é mais importante do que terminar o trabalho!"

Tendo nascido com esses temperamentos, será que podemos mudá-los? Deus espera que eles mudem?

Leia Gálatas 5:16-26. É impressionante quanto tempo uma resposta pode estar bem diante de nossos olhos, e mesmo assim não a vemos! Estamos falando hoje sobre sermos prudentes e bondosas. Versos 22 e 23 revelam a fonte de prudência e um coração bondoso. Qual é? _____

Verso 22 diz que bondade e mansidão são frutos do Espírito! Não é algo que você escolhe ser somente porque você quer ser. A única maneira da pessoa ser prudente e bondosa é ser controlada pelo Espírito Santo. E a única maneira de ser controlado pelo Espírito Santo é ter Jesus Cristo como Salvador pessoal. Quando pedimos a Ele que entre em nossa vida, o Espírito Santo faz residência em nós. Depois, e somente depois, Ele pode estar no controle de nossa vida para que tenhamos atitude de prudência e bondade, especialmente durante as lutas da vida cotidiana!

Meninas, não temos que ficar do jeito que estamos! Se você não é

Semana 3: Filhos Lambuzados e Mães Esmigalhadas

naturalmente bondosa, você pode ser se o Espírito Santo dirigir sua vida.

Se você não é naturalmente prudente e bondosa, você será quando suas ações forem controladas pelo Espírito ao invés de serem controladas pela carne!

Quando nós olhamos pelo ponto de vista de Deus, podemos ver claramente que sempre que não agimos de maneira prudente e bondosa, então o Espírito Santo não está guiando nossa vida. O engraçado é que nós, bem como o resto do mundo, sabemos disso!

Para revisar, como você pode manter uma atitude prudente e bondosa sobre a qual Tito 2:5 fala? _____

O que você deve fazer antes que o Espírito Santo possa trabalhar em e através de você para manter essa disposição? _____
_____

Depois de nós termos aceito Cristo em nossa vida como Salvador e Senhor, o que significa quando mostramos um espírito rebelde, crítico e impaciente com os outros? _____
_____

Agora meninas, antes que vocês sejam todas consumidas pela culpa, deixe-me relembrá-las que o Senhor instantaneamente nos perdoa quando reconhecemos nosso pecado! Todas nós somos inclinadas a perder a paciência durante as lutas cotidianas e agir de maneira imprópria a uma filha do Rei. Por isso é tão importante termos diariamente um tempo a sós com Deus, quando podemos ler a Bíblia e orar. Precisamos que Deus nos ajude, permitindo que Ele controle nosso espírito. Se Deus controla o nosso espírito, Ele também controlará o nosso comportamento.

Muitas vezes, nós, como esposas e mães, sinceramente desejamos ser completamente controladas pelo Espírito, mas somos muitas vezes controladas pela carne. Por que isso? O que nos leva a rompermos com Aquele que nos ama e pode fazer mais com nosso temperamento e personalidade do que qualquer outro poderia?

Se olharmos na Palavra, nos encontraremos em boa companhia.

Leia Gálatas 5:17. Por que Paulo diz que nós muitas vezes somos mais controlados pela carne do que pelo Espírito? _____
_____

Leia Romanos 7:15-20. Parafraseie a descrição de Paulo de seu próprio comportamento. _____
_____
_____
_____

Como você pôde bem ver, não estamos sozinhos! Paulo teve o mesmo problema! Enquanto ele queria fazer o certo, muitas vezes fazia aquilo que não queria fazer! Por quê? Novamente, nossa natureza pecaminosa luta contra o Espírito em nós! Precisamos continuar a lutar para ficarmos mais próximos do Senhor a cada dia. Pouco a pouco, nós melhoraremos. De qualquer forma, sempre experimentaremos conflitos entre nossa carne e Espírito até o dia em que nós nos encontrarmos na presença de Jesus no céu!

DIA 4 - EXERCÍCIO PRÁTICO

Descreva seu temperamento natural. Se você nunca fez um teste formal de temperamento, descreva como você geralmente reage às lutas diárias da vida.

_____
_____
_____
_____
_____
_____
_____

Em que áreas você precisa mudar?

_____
_____
_____
_____

Escreva sua oração a Deus, pedindo-Lhe ajuda em suas ações e reações nas lutas diárias da vida.

_____
_____
_____
_____
_____
_____
_____
_____
_____
_____
_____
_____
_____
_____
_____

Semana 3: Filhos Lambuzados e Mães Esmigalhadas

DIA 5 - MEDITAÇÃO
HÁ UMA GUERRA EM PROGRESSO

Leia Gálatas 5:18. Paulo identifica o remédio para a luta entre a carne e o Espírito. Qual é?_____

Ele está nos dizendo que podemos ter um ou outro. Ou seremos guiados pelo Espírito ou seremos guiados pela lei, mas não se engane, nós seremos guiados por um ou outro!

Versos 22-26 continuam a nos dizer que se o Espírito nos dirige, manifestaremos as virtudes do fruto do Espírito, que são:

1._____ 4._____ 7._____
2._____ 5._____ 8._____
3._____ 6._____ 9._____

Aprendemos que a instrução de Tito 2 para sermos prudentes, bondosas e disciplinadas é realmente um aspecto do fruto do Espírito. Não é algo que nós simplesmente decidimos ter. É um fruto, ou evidência, visto em nossas vidas quando o Espírito Santo nos controla. Simplesmente não temos o poder de consistentemente demonstrar esse tipo de atitude por nós mesmas.

Dizemos que a maioria de nós, como mulheres cristãs, queremos viver no Espírito, porém muitas vezes nos encontramos vivendo na carne. Descobrimos a principal razão: a carne e o espírito estão em guerra um contra o outro enquanto vivermos na Terra.

Quais são algumas coisas que nos levam a tropeçar e viver na carne ao invés de vivermos no Espírito? _____
_____
_____
_____

Leia Isaías 40:28-31. Pense por um momento sobre o título deste curso: Retomando a sua família. A principal razão pela qual nós precisamos desse curso é por que a sociedade está tão, tão ocupada, que ensinamentos à família estão perto de cessar! Por causa disso, muitas mulheres não tiveram nenhum ensino ou treinamento que pudessem prepará-las para enfrentar as lutas normais de vida que podem roubar de nós a alegria em nossa missão de servir ao nosso Deus.

Você está consciente que há muitos ladrões à solta? Todos os dias escutamos sobre ladrões que entram nos bancos e lojas para roubar mercadoria ou dinheiro. Mas você sabia que há ladrões piores que estes que roubam nossas posses?

Há ladrões que estão tentando entrar em nossas vidas e roubar coisas muito mais preciosas que mercadorias ou posses materiais! São ladrões de alegria e de paz! Muitas vezes aparecem em forma de estresse.

Estresse rouba de você a paz e a alegria. Pergunte-se: "O que em minha vida tem me levado a sentir um estresse além da medida?" São compromissos além do nível normal? É esperar muito dos outros ou de você mesma? É uma expectativa de perfeição? Você acha que pode ser todas as coisas para todas as pessoas porque tem um espírito acima de autoconfiante? É a falta de autocontrole que leva você a ficar para trás porque não tem sido disciplinada em suas responsabilidades? O que a está levando a ser vencida pelo estresse?

_____

_____

_____

Quase todas entram em uma armadilha uma vez ou outra. Todas temos estresse normal, mas quando o estresse aspira nossa alegria e paz, então sabemos que nós permitimos que coisas desta vida (isto é a carne) tivessem o controle de nossas vidas ao invés da fé no Senhor. Nós começamos a viver na carne ao invés de no Espírito.

Devemos manter nossos olhos Naquele que tem o poder para nos renovar, nos guiar e nos liderar em Seus desígnios.

Se estamos estressadas demais para sermos prudentes e bondosas, então nós podemos estar dando muita atenção às coisas que Deus não nos chamou para fazer. Devemos ter cuidado em guardar nosso tempo e atenção, gastando-os sabiamente nas coisas de valor eterno.

Quando nos encontramos estressadas além dos limites, onde encontramos nosso alívio? Leia Isaías 40: 28-31 e escreva a solução.

_____

_____

_____

Deus nunca fica estressado além dos limites! Ele nunca fica fatigado! Ele tem a força e compreensão para renovar nossas forças e espírito.

Fiquei totalmente surpresa quando percebi que Deus nunca fica estressado! Vivi muitos de meus dias debaixo da escravidão do estresse por causa de coisas sobre as quais eu não podia fazer nada à respeito! Todas nós experimentamos estresse em nossa vida diária, mas sermos vencidas por ele é pecado. Perceber isto como prova de que eu estava vivendo na carne ao invés de viver no Espírito, me causou muita dor.

Tive que chegar à conclusão de que se eu queria ser aliviada do estresse, simplesmente teria que entregar minhas dores, decepções, problemas e situações diante do trono do Senhor. Ele é soberano. Ele está no controle. Ele é Senhor sobre todas as coisas, mesmo sobre aquelas dores, decepções, problemas e situações que estão roubando de mim a alegria e a paz. Posso confiar que Deus vai cuidar de todas essas coisas. Ele me guiará e me mostrará Suas soluções quando eu Lhe entregar minha confiança. Ele fará isso em Seu tempo, não no meu, e Seu tempo será sempre o tempo certo!

Se vivermos para Deus e O servirmos, Ele nos dará força para cuidarmos de nossa família e não ficarmos fatigados. Nos dará forças para suprirmos as necessidades de nosso ministério e não desfaleceremos! O Espírito Dele em nós nos permite sermos prudentes e bondosas!

Minha irmã, em Deus podemos confiar! Ele provou isso em minha vida vez após vez. Mesmo agora, quando luto para terminar este estudo, para cumprir o prazo da publicadora, minha vida parece estar vencida por situações fora de meu controle. Há um ano atrás, perdi minha mãe para o câncer, e agora eu enfrento a mesma dor com meu pai. Enquanto ele enfrenta a batalha de sua vida, eu o vejo ficando cada dia mais fraco. Mas, me determinei a confiar no meu Senhor e Salvador, Jesus Cristo, para estar próxima no desafio de dar ao meu pai conforto, paz e esperança enquanto ele se prepara para ir ao reencontro de meu Salvador, meu Senhor Jesus Cristo, e de minha mãe. "Diga-lhes que eu os amo, papai!"

DIA 5 - EXERCÍCIO PRÁTICO

Como as lições dessa semana a ajudaram na compreensão das expectativas de Deus sobre você? _____
_____
_____
_____

Como as lições dessa semana a ajudaram em sua atitude? _____
_____
_____
_____

Você viu alguma mudança em seu comportamento ou ações como resultado do que o Senhor tem lhe ensinado esta semana? Se sim, descreva-os.
_____
_____
_____
_____
_____
_____

Se você tiver coragem, pergunte ao seu marido ou filhos se eles viram alguma diferença em suas ações e reações esta semana e descreva as respostas deles aqui: _____
_____
_____
_____
_____
_____
_____

Semana 4
Lembra quando Vocês se Conheceram?
Amando o seu marido – Parte 1

Você se lembra de ter perguntado: "Quem é aquele belo gato 100% homem?" Você se lembra de que depois que você o encontrou, você achou que ele era o homem mais maravilhoso da face da Terra? Você mal conseguia esperar até o próximo encontro! Toda vez que o telefone tocava, você pulava para atender, esperando que fosse seu Príncipe Encantado!

Vocês passavam horas juntos, conversando sobre o futuro, seus sonhos, seus pensamentos, seus objetivos de vida. Vocês compartilhavam tudo! Quando ele se machucava, você se machucava. Quando ele compartilhava as ambições dele para o futuro, você o apoiava completamente e pensava que ele era o mais brilhante, inteligente, e esperto ser que vivia! Ele era também tão interessante e tão romântico! Você o seguiria até o fim da Terra!

Quando vocês estavam juntos, a vida parecia próxima da perfeição! Ele a tratava como rainha! Tudo que você queria, ele queria. Ele a achava bonita e dizia isso muitas vezes. Ele parecia prestar atenção em cada palavra sua e oferecia apoio moral e compreensão toda vez que você precisava.

Você realmente queria passar o resto de sua vida com ele! Vocês estavam determinados que ficariam juntos para sempre e que seu relacionamento ficaria viçoso e não acabaria estagnado, como outros casamentos que vocês conheciam!

Alô?! Então, o que aconteceu?

O que aconteceu com aquelas conversas prolongadas e íntimas? Onde estão as palavras doces e os elogios?

Quando foi que as suas ambições se tornaram em trabalho 16 horas por dia? Por que os sonhos morreram, e no seu lugar ficou um futuro sem esperança?

Quando foi que ele deixou de ser tão inteligente? Pois é, ele é igual a qualquer outro agora!

Para onde foi o romantismo? Quando foi que toda aquela compreensão se tornou crítica?

E quando foi que ele desenvolveu um interesse TÃO grande em futebol, basquete, vôlei, beisebol, e as olimpíadas? Só falta agora ele anunciar a sua viagem à Suíça para o campeonato mundial de Jogo de Palitos!!

E, principalmente, quando foi que ele ficou TÃO diferente de você? Parecia que vocês tinham tanta coisa em comum!

Ele é que era para suprir todas as suas necessidades! Afinal de contas, ele é seu marido, seu líder!

Puxa! Ele mudou pra caramba!

Semana 4: Lembra Quando Vocês se Conheceram?

Um livro popular foi escrito há alguns anos atrás, intitulado Homens São de Marte, Mulheres São de Vênus. Eu não li o livro, portanto não sei se concordo com ele ou não, mas certamente concordo com o título! Homens com certeza parecem ser de Marte e certamente nós não somos do mesmo lugar que eles são!

Homens e mulheres pensam diferentemente, agem diferentemente e têm necessidades e desejos diferentes. Na maioria das vezes, são essas diferenças que trazem problemas aos relacionamentos.

Por que Deus nos fez tão diferentes, quando sabia que nós íamos viver juntos? Ele sabia que isso causaria problemas! Quem disse que Deus não tem senso de humor? Eu penso, que Ele deve rir de nós quando nós estamos no meio de uma guerra com os nossos maridos por causa dessas diferenças!

Falando sério, talvez quando o problema é pequeno, Deus até dê uma boa gargalhada, mas quando permitimos que essas diferenças dividam nossos lares e causem um tumulto horrível e desavenças, então toda essa gargalhada acaba e eu tenho certeza que o lamento de Deus se inicia. Por que tudo não poderia ficar da mesma maneira de quando estávamos namorando?

Eu sei que é impossível de acreditar, mas poderia acontecer, ou aconteceria mesmo numa possibilidade bem remota, que você também tenha mudado? "Não, absolutamente não, de maneira nenhuma", você diz! Considere isto:

1. O que você estava vestindo quando ele chegou em casa ontem à noite? Quando estavam namorando você vestiria a mesma coisa se ele estivesse vindo para sua casa visitá-la e jantar com você? Ou, você teria se vestido um pouquinho diferente? Você teria colocado um pouco de maquiagem, talvez um pouco de perfume e arrumado o cabelo? Em outras palavras, você teria se vestido para atrair?
2. Quando ele chegou para o jantar, como você o teria cumprimentado? Cumprimentou-o dessa forma a noite passada? Ou será que você nem o cumprimentou?
3. Você estava interessada em como foi o dia dele, ou simplesmente pensou em seu coração? "Ah, Ah, Ah! Você pensa que teve um dia ruim? Você deveria ficar em casa com estas crianças de vez em quando! Então você veria o que é realmente um dia de trabalho."

Preciso perguntar mais? O que estou dizendo é isto: Vocês dois mudaram. Algumas mudanças são boas, algumas não são tão boas, e algumas foram simplesmente necessárias. Deus sabia que essas mudanças viriam. Ele sabia que nós todos enfrentaríamos isto na vida e é por isso que Ele nos abençoou com Sua Palavra. Se nós aprendermos com as instruções de Deus e as seguirmos, Ele nos promete Suas bênçãos e uma alegria, uma vida abundante até mesmo no casamento.

DIA 1 - MEDITAÇÃO
LEMBRA DAQUELE BELO GATO COM QUEM VOCÊ CASOU?

Leia Tito 2:3-5. Não há provavelmente instrução melhor, particularmente para mulheres, resumida nesses três versículos curtos do que em qualquer outra passagem da Bíblia. São apenas três versículos, mas falam para mulheres idosas e mulheres mais jovens, nos diz em que traços de caráter Deus quer realizar em nós, nos dizem o que Ele fala sobre quais prioridades e sobre quais atitudes diárias devemos ter.

Tenho certeza que você já percebeu, mas nos versículos que precedem esses, e nos que vêm depois, Deus fala aos nossos maridos e dá-lhes instruções.

Agora garotas, nós não podemos fazer nada para forçar nossos maridos a ler e seguir os ensinamentos de Deus, mas podemos fazer algo a respeito de seguirmos as instruções que Deus nos deu. De fato o conselho adicional de nosso Pai Celestial para nós é semelhante a isso: "Tire a trave de seu próprio olho, antes que você tente tirar o cisco do olho dele" (Mateus 7:3-5). Oh! Essas palavras são palavras duras, porém verdadeiras.

"Então, está tudo bem Senhor. O que foi mesmo que o Senhor disse que queria que eu aprendesse?" Vamos olhar novamente. A primeira instrução que Tito 2:4 dá é para que as mulheres idosas, mulheres mais velhas, ensinem as mais novas a amarem seus maridos! Então meninas, eu sou mais velha e vocês são mais jovens, então eu farei minha melhor tentativa:

Você realmente quer saber o que Deus espera de você? Você está disposta a se submeter a mais mudanças do que você imaginava? Vamos encarar os fatos: mudança é difícil. Na maioria das vezes é dolorida tanto para nós como para aqueles próximos a nós porque, afinal de contas, eles têm que sofrer a mudança junto conosco. A boa nova é que mesmo sendo difícil e doloroso, no final, quando a mudança é completada em nós, estaremos mais felizes e mais completas do que poderíamos imaginar! Incrivelmente, também estarão mais felizes os nossos amados! Existe recompensa eterna por fazermos as coisas pelos caminhos de Deus, e para isso eu estou disposta a trabalhar!

Não é irônico que Deus acha necessário dizer-nos para amarmos nossos maridos? Por que Ele pediria isto? A razão pela qual nós casamos com eles foi por que nós os amávamos, certo? Isso depende da nossa definição de amor e se esta é, também, a definição de Deus!

Volte sua memória para quando você encontrou e se apaixonou pelo seu marido. Lembra-se daqueles sentimentos? Lembra-se de quando sabia que estava apaixonada e queria casar com esse homem? Descreva seus sentimentos então e o que a levou a querer passar o resto da vida com ele. Inclua também o seu conceito de "amor" naquela época da sua vida. _____
_____
_____
_____
_____

Para entendermos a definição que Deus tem de amor nós devemos olhar as três palavras gregas nas Escrituras que são traduzidas para o português como a palavra "amor". Nesta passagem a palavra grega é *philandros*, que significa "afeição, grande respeito por, agir bondosamente, misericórdia carinhosa, aplaudir." Esse tipo de amor é o que devemos demonstrar a outros cristãos. Parece que Deus está sentindo a necessidade de dizer a nós, esposas, que devemos tratar nossos maridos com a mesma bondade com que tratamos os outros. Argh!

"Querida, eu queria que você me tratasse da mesma maneira que você trata os outros." Seu marido alguma vez lhe disse essas palavras? O meu disse, e me deixou convicta tanto naquela época como agora, de quão ruim é ao perceber que nós esposas somos muito mais duras com nossos próprios maridos do que somos com outras pessoas. Que vergonha! Como você se inclue neste departamento? Você é mais dura com seu próprio marido do que com os outros? Você irrita-se com ele por coisas que, a outras pessoas você não diria nenhuma palavra?

Vocês se juntam a mim no final deste estudo com uma oração de confissão, meninas?

DIA 1 - EXERCÍCIO PRÁTICO

ORAÇÃO DE CONFISSÃO: Você talvez queira orar algo assim, ou falar ao Senhor do seu próprio coração enquanto Ele a convence:

"Senhor, muitas vezes eu não trato meu esposo com afeição ou carinho. Muitas vezes eu trato os outros com bondade, mas quando estou em casa demonstro tudo, menos bondade para com este homem que escolhi para ser o parceiro de minha vida. Muitas vezes eu pareço ter fé e confiança em estranhos muito mais do que demonstro pelo meu próprio marido. Às vezes pareço aplaudir mais minhas posses materiais do que meu próprio companheiro. Oh Deus, me perdoe! Restaura em mim o amor que um dia eu tive por este homem, acrescente a esses sentimentos o seu "amor em ação" como ensinado nesta passagem. Ajude-me, Senhor, a praticar diariamente o que Teu Espírito Santo me ensinou hoje. Antecipadamente agradeço pelo que o Senhor fará na minha vida e na vida do meu esposo através da aprendizagem e prática dessas lições. No precioso nome de Jesus, Amém".

Acrescente as suas próprias palavras de confissão, na medida que Deus trabalha no seu coração: _____
_____
_____
_____
_____

Agora meninas, vamos praticar o que nós aprendemos hoje!

Cumprimente seu marido na porta hoje à noite com um beijo, trate-o com bondade e carinho. Diga alguma coisa simpática. Não reclame de nada. Descreva a reação dele aqui: _____
_____
_____
_____
_____

Semana 4: Lembra Quando Vocês se Conheceram?

DIA 2 - MEDITAÇÃO
PAPAI URSO AMA TORTA

Vamos continuar com a tarefa de ontem, meninas. Vamos aprender o que realmente significa amar nossos maridos! Leia hoje 1 Coríntios 13:1-8. Liste os diferentes traços dessa passagem que descreve o amor.

O QUE É O AMOR	O QUE NÃO É O AMOR

Meninas, como vocês se avaliariam na demonstração dos traços de amor acima para com seu marido?

Eu consigo até escutar algumas de vocês agora: O que você disse? Mas você simplesmente não entende! Você obviamente não conhece meu marido! Porque, ele é tão _____

_____
_____
_____
_____

Será que ele é tão ruim assim, meninas? Vamos testá-lo e descobrir. Estude a lista de virtudes de caráter, abaixo. Circule aqueles atributos que você identifica no seu marido. Abaixo liste estas virtudes e adicione qualquer outra que você possa identificar e que não estão listadas.

1. Pessoa que ora
2. Tem um emprego estável
3. Um homem de família
4. Fiel
5. Ajuda em casa
6. Um líder espiritual
7. Passa tempo com os filhos
8. Prestativo
9. Atencioso
10. Bom senso de humor
11. Otimista
12. Divertido
13. Prático
14. Visionário
15. Dirigido por objetivos
16. Constante.

Olhe para seu homem. Quais eram as coisas que você gostava nele no início e que agora você considera perdidas? Liste estas e outros traços positivos no caráter dele. Use espaços extras nas margens e liste quantas você possa pensar.

1. _____ 2. _____
3. _____ 4. _____
5. _____ 6. _____
7. _____ 8. _____

Semana 4: Lembra Quando Vocês se Conheceram?

Agora, identifique aquelas falhas que parecem deixá-la louca. Seja honesta. Use sua cabeça ao invés de suas emoções! Use espaço extra nas margens se você precisar.

1. _____ 2. _____
3. _____ 4. _____
5. _____ 6. _____
7. _____ 8. _____

Agora vá para a "torta para o Papai Urso". Pinte a torta do Papai usando vermelho para os pontos positivos e azul para as fraquezas. Surpresa? Por que se concentrar na pequena porcentagem de suas fraquezas ao invés de sua larga porcentagem de atributos?

Filipenses 4:8 diz: "Finalmente, irmãos tudo o que for verdadeiro, tudo o que for nobre, tudo o que for correto, tudo o que for puro, tudo o que for amável, tudo o que for de boa fama, se houver *algo* de excelente ou digno de *qualquer* louvor, pensem *nessas* coisas" (ênfase minha). Garotas, esta passagem relata uma ordem de Deus, não uma sugestão Dele.

Uma torta para o Papai Urso.

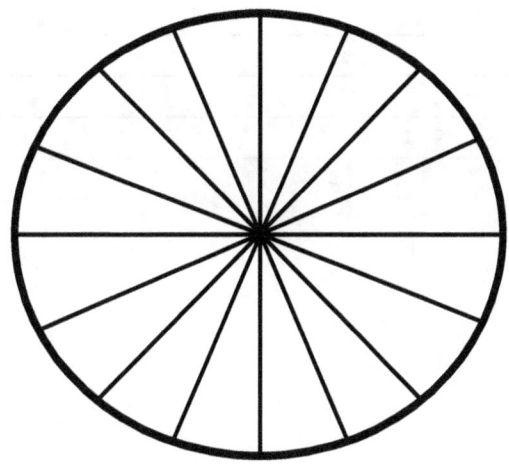

DIA 2 - EXERCÍCIO PRÁTICO

Vamos experimentar a maneira de Deus hoje! Todo o dia de hoje, pense somente nas virtudes de seu marido. Quando você estiver com ele hoje à noite, ofereça-lhe um presente em forma de um elogio honesto e verbal, feito do coração, e agradecimento por essas virtudes, pelo trabalho duro dele por você e sua família. Faça tudo isso com um toque de carinho e um beijo. Você ficará surpresa com a resposta dele.

Planos à frente! Escreva aquelas virtudes sobre as quais você elogiará seu marido hoje à noite. _____
_____
_____
_____
_____

Fale sobre a reação dele aqui. _____
_____
_____
_____
_____
_____

O que você aprendeu da reação dele. _____
_____
_____
_____
_____
_____

DIA 3 - MEDITAÇÃO
ME DIGA DE NOVO, COMO EU TIRO ESTA TRAVE DO MEU OLHO?

Hoje, leia novamente 1 Coríntios 13:1-8.

O que é amor? Lembre-se de nossa passagem novamente. Ao se lembrar, nós temos estudado *philandros*, ou amor fraternal.

Muitas vezes, nós pensamos no amor por nossos maridos como somente uma emoção muito sensível, de muito toque, de muito sentimento. Mas você sabia que um amor real é uma ação? Você sabia que o amor não é algo simplesmente que nós adentramos como adentramos em um bueiro? Você sabia que amor verdadeiro é uma decisão, e não apenas uma emoção? Uau! Isto vai contra tudo que nos foi ensinado pela sociedade moderna! Quando os filmes falam sobre amor, alguém sempre "cai de paixão" e geralmente essa caída termina imediatamente na cama!

De qualquer forma, de acordo com Deus, isto não é amor real de forma alguma. Isto é luxúria. Depois que o relacionamento é construído e o compromisso de casamento é feito, a parte física do casamento é extremamente importante. Mas para que o amor real floresça, este lado físico deve brotar do compromisso profundo e aceitação do relacionamento de casamento completo. Deus, em Sua infinita sabedoria, sabia que o aspecto físico é um alicerce raso demais para que sobre ele possamos estabelecer um casamento. Nós nos focalizaremos na parte física de um relacionamento de amor daqui a duas semanas. Mas, por enquanto, vamos focalizar a definição de Deus para o resto do relacionamento de amor, que será a fundação sobre a qual nossa vida inteira possa ser construída!

A Palavra de Deus deixa bem claro que mesmo se nós tivéssemos todos os dons espirituais, uma compreensão da palavra e fé suficiente para mover montanhas, se não tivermos amor nós somos _____

Novamente como fizemos ontem, na margem da direita, liste os 8 traços que este capítulo ensina sobre o amor, e os 8 traços do que o amor não é.

Leia João 3:17. Escreva em suas próprias palavras o que o versículo diz a você. _____
_____
_____

O versículo 17 nos fala que o amor de Deus por nós não é condicionado a nada. A Palavra torna isto simples mesmo quando fazemos coisas não muito amáveis. Jesus não veio à Terra para condenar-nos por coisas que constantemente fazemos erradas, mas ao invés disso, Ele nos amou, e veio para nos salvar a despeito de tudo que fazemos de errado.

Muitas vezes, como esposas, nós colocamos condições no amor por nossos maridos. Nós somos rápidas em condená-los quando falham em nossas expectativas. Enquanto eles nos agradam, nós lhes oferecemos bondade e outros frutos do amor. Se eles nos desapontam, não hesitamos em mostrar nossa raiva, atitude egoísta ou grosseira. Muitas vezes nós mantemos um registro grande dos seus feitos errados para conosco.

Então, ele faz a mesma coisa comigo, você diz?
Agora o que era mesmo aquilo sobre a trave no meu olho Senhor?!!

DIA 3 - EXERCÍCIO PRÁTICO

Usando a definição de Deus para amor nesses versículos, suas ações para com seu marido têm sido ações de verdadeiro amor? Abaixo, na primeira coluna, liste aquelas ações que você sabe que é forte em fazer e na outra coluna liste aquelas sobre as quais o Senhor a convenceu.

PONTOS FORTES	FRAQUEZAS
1.	1.
2.	2.
3.	3.
4.	4.
5.	5.
6.	6.
7.	7.
8.	8.

Lembre-se, eu não estou dizendo que tudo é inteiramente falha sua! Estou apenas dizendo que cada uma de nós pode trabalhar apenas em si mesma. Nós precisamos orar e pedir a Deus que trabalhe em nossos maridos. Se quisermos que Deus escute e responda as nossas orações por nossos maridos, nós devemos fazer todo esforço de nós mesmas andarmos em obediência a Ele.

Se você trabalhar em você mesma e permitir que Deus cuide de seu marido, eu lhe prometo que Ele fará o trabalho direitinho!

Em todo o dia de hoje, focalize seus pensamentos naquelas áreas que você sabe que precisa de melhorias. Hoje à noite quando seu marido voltar para casa, deliberadamente trabalhe nesses traços, mesmo sem sentir. Amor verdadeiro é uma decisão e uma ação, não somente uma emoção. Coloque aqui a reação dele para sua nova atitude.

_____
_____
_____
_____
_____
_____

DIA 4 - MEDITAÇÃO
MENINAS, EU SEI QUE VOCÊS SÃO ATENTAS E ESPERTAS, MAS...

Novamente leia 1 Coríntios 13:1-8. Hoje conversaremos um pouco mais profundamente sobre as características do tipo de amor *philandros*. Um dos adjetivos para descrever esse tipo de amor é "ter um grande respeito por".

Todas nós tivemos em nosso passado, pessoas que ricamente abençoaram nossas vidas e levaram-nos a demonstrar este tipo de amor por elas. Geralmente quando nós temos grande respeito ou muito apreço por uma pessoa é porque de uma forma muito especial ela nos ajudou ou nos influenciou.

Pense em uma pessoa do seu passado pela qual você teve um grande respeito porque ela fez algo por você ou influenciou permanentemente sua vida. De forma breve descreva porque você tem tão grande respeito por ela.

_____
_____
_____
_____

Agora vamos fazer um jogo da "suposição" por um momento. Suponha que essa pessoa fizesse algo que o machucasse, nada significante, mas que mesmo assim a deixaria zangada. Você a trataria com desprezo, especialmente em público?_____

Você chamaria todas as suas amigas para descarregar nelas o quão horrível essa pessoa foi, ou por causa do grande respeito por ela você trabalharia isso em particular e então a perdoaria? _____
_____

Lealdade é um traço raro nestes últimos dias. Ao invés de guardarmos um coração grato por todas as coisas passadas que um marido fez, muitas esposas permanecem gratas e leais somente até quando o marido faz alguma coisa para irritá-las. O casamento se torna um relacionamento de "o que você fez por mim hoje," sem a lealdade tão extremamente necessária para construirmos um futuro. Ninguém, esposa ou marido, pode aguentar esse tipo de pressão.

Lembre-se: o amor não mantém um registro de erros! Você está guardando um registro contra o seu marido? Qual o tamanho da sua lista de chantagens contra ele? Você chama todas as suas amigas ou sua mãe para contar todos os erros que ele cometeu, ou você imediatamente leva sua ferida ao Senhor para que Ele a cure, e perdoe o seu marido?

Leia Mateus 6:14-15. Quem está falando aqui? _____
O que Jesus está dizendo?_____
_____

Essas são palavras dos próprios lábios de Jesus, meninas! Jesus não está oferecendo uma opinião; Ele está dando-nos uma promessa. Ele promete que não nos perdoa, se não perdoarmos os outros, e isto inclui nossos maridos!

Muitas vezes no casamento, porque nós tendemos a casar com uma pessoa com temperamento oposto, uma esposa se tornará crítica e sarcástica porque o seu marido não faz as coisas da sua maneira ou tão rápido quanto ela faria.

Quanto mais essas diferenças aparecem, mais impaciente ela se torna. Quanto mais impaciente ela se torna, mais o irritará para que ele faça as coisas à sua maneira e ao seu tempo. Eu entendo este sentimento meninas, eu sou mulher também e senti essas mesmas frustrações mas, Deus tem me ensinado algo através destes desafios.

Vejam só, meninas! Você é atenta e esperta e está pronta para seguir em frente. Se você se convencer de que ele não é tão atento e esperto quanto você, não terá mais por ele a mesma consideração e o desonrará e desrespeitará. Isto é exatamente o que o inimigo quer!

Essa atitude matará seu casamento.

Ser correta é tão importante para você? Se sua resposta for sim, por favor entenda isto: nenhum homem seria rápido, bom ou capaz o suficiente para atender suas expectativas.

Uma senhora que já se divorciou três vezes me disse que ela jamais teria deixado o primeiro marido se tivesse simplesmente entendido este princípio.

DIA 4 - EXERCÍCIO PRÁTICO

Tarefa nº 1: Sobre o que você tem importunado seu marido?
1._____
2._____
3._____
4._____
5._____

Qualquer que seja o assunto sobre o qual você tenha importunado seu marido, simplesmente pare. Você já pediu, e qualquer coisa que vai além disso é importunar. Se você quiser ter certeza absoluta que NÃO será feito do jeito que você quer, nem quando você quer, então continue importunando-o!!

Simplesmente não funciona. Pelo menos não funcionará para o bem do seu relacionamento.

Se você quer felicidade, paz, companheirismo, romance e alegria em seu lar, então logo depois desse relacionamento com o Senhor, seu relacionamento com seu marido deve ser a prioridade nº 1!

Tarefa nº 2:

Qual é o tamanho da sua lista de chantagem contra seu marido? Numa folha de papel, faça essa lista.

Então, em oração diante de Deus, liste suas lamentações. Uma vez que tenha feito, de livre e espontânea vontade, perdoe seu marido. Não o mantenha pendurado, não guarde essas coisas contra ele. Dê a Deus os erros dele e deixe Deus tratar com ele, no Seu tempo, e da Sua maneira.

Agora, como um ato final de perdão ao seu marido e confiança em Deus, vá e: QUEIME A LISTA.

DIA 5 - MEDITAÇÃO
MAIS VALE UM BOM CONTEÚDO
QUE UMA LINDA EMBALAGEM

Argh... A lição de ontem foi difícil, não foi? Mas estava certo, e se o Seu Pai celestial estiver a sua disposição, Ele mudará seus pensamentos por dentro, e isto deixará de ser tão difícil! A mudança pode não acontecer do dia para a noite, mas acontecerá. Lembre-se: Deus nos encontra onde nós estamos.

Mais uma vez, leia 1 Coríntios 13:1-8. No dia 3 dessa semana, nós descobrimos que o amor verdadeiro e real é uma decisão e uma ação; não meramente uma emoção.

Hoje nós vamos relembrar como viver essa teoria, não somente falar sobre ela ou assegurar-nos da sua existência. Já que essa teoria não é uma parte natural de nossa constituição emocional, nós precisamos decidir praticá-la, a colocá-la em ação. É muito fácil ter conhecimento da verdade sem colocá-la em prática!

Agora talvez seja um bom momento de nos lembrarmos o que faz desta área tão diferente das outras: aqui nós estamos aprendendo não somente qual é a verdade mas a praticá-la no mundo real. Memorize esses versículos, haverá uma prova (tão logo você veja seu querido hoje à noite). Os versículos 4 a 8 declaram-nos o que o amor é:

1. Duradouro
2. Paciente
3. Bondoso
4. Apoiador, isto é, apoio nos tempos difíceis
5. Escolhe acreditar no melhor do bem-amado
6. Esperançoso sob todas as circunstâncias
7. Regozija-se quando a verdade é mostrada e prevalece
8. Nunca falha (desfalece ou se torna obsoleto)

Estes mesmos versos, nos dizem o que o amor não é. A Versão Amplificada se torna ainda mais específica sobre o que o amor não é:

1. Nunca é invejoso
2. Nunca é vencido pelo ciúme
3. Não é vanglorioso
4. Não age altivamente
5. Não é convencido (arrogante, inflamado com orgulho)
6. Não é rude, grosseiro
7. Não age impropriamente
8. Não insiste nos seus próprios direitos ou na sua própria maneira
9. Não procura seus próprios interesses
10. Não é suscetível, rabujento, e ressentido
11. Não se irrita facilmente
12. Não se alegra com a injustiça ou a falta de retidão

Quem pode amar assim? Somente uma pessoa controlada pelo Espírito pode realizar algo tão precioso. Nós não devemos ficar subjugadas, mas ao invés disso perceber que devemos depender de Deus diariamente (hora a hora ou minuto a minuto se necessário!) para cumprir Seu bom trabalho em nós e através de nós, e crer que Ele prometeu finalizar a obra que começou em nós.

Você não está neste curso por coincidência. Você foi colocada aqui por provisão divina. Deus começou Sua boa obra em você e prometeu que Ele a terminará. Somente você pode pará-Lo!

Que tal, garotas? Vocês estão dispostas a deixar Deus fazer este trabalho de amor em vocês? Algumas vezes eu ouvi mulheres dizerem: "Eu só quero o divórcio!" Sabe o que eu digo? Não, você não quer. O que você quer é que as coisas sejam do jeito que você sonhou quando casou com ele!

Então vamos trabalhar nisso um pouco. Imagine como se você estivesse namorando de novo. Você lembra daqueles dias preciosos com seu querido? Lembra como você costumava se vestir bem para um encontro? Você colocava maquiagem, perfume e um conjunto especial para atraí-lo? Por que você parou? Eu aposto que ele se pergunta sobre isso também. Seu marido foi primeiro atraído a você por sua aparência. Deus os fez desta maneira. Se você se pergunta porque parece que ele não quer prestar mais atenção em você, talvez você devesse dar uma olhada mais longa no espelho. Não estou falando em tentar ser uma super modelo, eu estou falando sobre um bom enfeite, um perfume gostoso e uma aparência alegre e atraente.

Se você permitir que Deus trabalhe à maneira Dele em você, não somente voltará a alegria daqueles dias, mas também aquela pouca alegria será transformada em uma alegria indescritível e o cumprimento maior do que qualquer coisa que você tenha sonhado! Acredite em mim, eu experimentei isso e o esforço valeu a pena.

DIA 5 - EXERCÍCIO PRÁTICO

Hoje à noite quando seu marido chegar em casa, esteja vestida com algo colorido e alegre. Coloque perfume e maquiagem. Arrume seus cabelos. Você não precisa vestir-se com tanta elegância, somente esteja bem arrumada.

Garotas: mostrem a seus maridos que se preocupam com a aparência e com a imagem que eles têm de vocês. (Se vocês estão questionando a aprovação de Deus acerca disto, leiam Provérbios 31:22!) Acrescentem a isso, a nova atitude e a nova compreensão que receberam sobre o verdadeiro significado do amor e vocês certamente apreciarão a noite! Mas tomem cuidado: se ele pensa que está na casa errada e também parece gostar da ideia, as coisas podem estar bem pior do que você pensava!

Lembre-se: nosso objetivo é obedecer ao nosso Senhor, não importando o que nosso marido ou qualquer outra pessoa faça! Você está fazendo isso para agradar a Deus! Você não está fazendo isso em resposta à ação de qualquer outra pessoa em relação a você.

Coloque aqui a reação do seu marido.

_____
_____
_____
_____

Comece agora a memorizar os traços listados no quinto dia sobre o que o amor é e o que não é. Até o fim da sétima semana nós os repetiremos de memória, então será mais fácil praticá-los na vida diária. Você consegue fazer isso!

Semana 5
Como Você pode Amá-lo mesmo Contra os seus Sentimentos?

Amando o seu marido – Parte 2

Não fiz! Fez sim!
Não fiz! Fez sim!
Cale-se! Não, cale-se você!
Você cale-se! Você cale-se!

Alguma vez você escutou duras palavras como estas? Tenho certeza que sim. A maioria das mulheres no mundo também. Às vezes você está errada, mesmo que não admita. Mas às vezes você não está errada de jeito nenhum. A pergunta é: Quando isto acontece e realmente não sabe o que fez para irritar o homem tanto assim, como você reage?

Que tal este cenário: as crianças deram trabalho o dia todo; a lavadora parou de funcionar com duas pilhas de roupas sujas ainda para serem lavadas; o cachorro deixou-lhe uma surpresa cheirosa no meio do chão, onde você andava carregando uma caixa enorme em seus braços. Enquanto você limpava a sujeira, o assado virou cinzas.

Este pequeno fiasco transformou o seu jantar surpresa em uma lasanha Sadia congelada! Mesmo assim, você ainda continuava determinada a fazer aquele jantar surpresa, perfeito, para seu marido.

Por causa de suas devocionais matinais, de alguma maneira você conseguiu manter sua sanidade com um sorriso no rosto, quando de repente... entra o senhor simpático... duas horas mais cedo.

"- Oi querido. Você chegou cedo. Você teve um bom d..."

"- Eu pensei que tivesse dito para as crianças tirarem suas bicicletas da entrada... e onde está minha pasta... você deve ter tirado do lugar ontem... depois que eu disse para não tirar. Eu cheguei no trabalho e percebi que, todo alvoroço de hoje cedo me fez esquecê-la! Se a pasta estivesse na porta onde eu disse que era para ficar, isto não teria acontecido! A culpa foi toda sua!"

Você olha para a porta e lá está a pasta dele, bem onde a deixou ontem.

Foi gelo que você sentiu fluindo em suas veias?

Agora, existe um ponto que eu gostaria de deixar bem claro: Neste capítulo nós estamos falando sobre explosões verbais de raiva que ocorrem em todo casamento, às vezes, não sempre. Eu não estou me referindo a situações de violências físicas que acontecem em muitos lares. Se você está vivenciando violência de qualquer forma, por favor, procure ajuda imediatamente. Você deve deixar seu lar com seus filhos (se tiver algum), e procurar um lugar tranquilo, um abrigo seguro. Por favor, entenda que o cuidado misericordioso de Deus nunca espera que você fique num lar onde há violência física. Você precisa também entender que não poderá receber a ajuda necessária se continuar neste lar. Depois que você estabelecer um abrigo seguro pode conseguir ajuda para a família inteira, incluindo seu marido, se ele estiver disposto. Ficar em casa somente piorará a situação e aumentará o perigo para você e para seus filhos. Confie em Deus e busque refúgio.

Semana 5: Como Você pode Amá-lo, mesmo contra os seus Sentimentos?

DIA 1 - MEDITAÇÃO
EU NÃO DIREI MAIS NADA

Leia 1 Coríntios 13:1-8. Bem, o cenário de abertura pode ter sido um pouco exagerado, mas você entendeu o objetivo. Esse tipo de situação alguma vez já lhe aconteceu? Como você reagiu? Seja honesta!

_____

_____

_____

A maioria das mulheres lidariam com a situação agindo de uma dessas quatro formas:

1. "Eu tenho que lutar por mim! Eu não deixarei que ele fale comigo desta forma! Eu consigo gritar tanto quanto ele! Eu vou mostrar-lhe! Quem ele pensa que é? Ele tem que me amar e tratar bem, com respeito."... etc. etc. etc.
2. (Lamentando profundamente) "Eu não acredito que você está falando comigo desta forma (uhh, uhh, uhh)! Eu vou para casa da mamãe!"
3. Com sua cabeça baixa, e os ombros caídos você sussurra: "Sim senhor. Eu sei, querido, a falha é minha. Tentarei fazer melhor, desculpe-me, realmente eu lamento".
4. Silêncio e gelo, durante o mês todo!

Você se surpreenderia em saber que nenhuma das maneiras acima é como Deus gostaria que lidasse com a situação?

Como é que Deus quer que você reaja a qualquer explosão de raiva do seu marido? E o que levará você a lidar com isso à maneira Dele?

A primeira coisa necessária para agir como Ele, será o amor Dele.

Na semana passada nós aprendemos sobre o amor *philandros* ou, amor afetivo. Ao fim das tarefas da semana nós estávamos começando a aprender sobre o amor *ágape*, o amor mais puro de todos. Se uma mulher tem somente um amor *philandros* pelo seu marido, ela terminará sendo mais uma estatística de divórcio de acordo com o cenário acima. Nenhum de nós, maridos ou esposas, conseguimos continuar a nos sentir afeiçoados à alguém quando fica gritando, brigando conosco ou nos culpando por algo que não fizemos, especialmente se esse tipo de confusão acontecer frequentemente.

A única coisa que pode levar um marido ou uma esposa a superar essas lutas de relacionamento no casamento é uma determinação de agir com propósito em vez de emoção. O amor ágape é o tipo de amor que Deus tem por nós. Um amor incondicional, um amor eterno, não se importa com o que acontece, não se importa com o que a pessoa fizer a você, ele não acaba, não diminui. Mesmo quando machucada ou ferida, mesmo quando a perda é sofrida e a separação acontece, o amor continua firme e ficará intacto mesmo na ausência de sentimentos amorosos.

Você se lembra da música que declara: "Você perdeu o sentimento de amor"? O cantor está imaginando que, porque o sentimento acabou, logo, a garota também irá embora. Essa é a causa principal da existência de tantos divórcios em nossa cultura. Para muitos, tão logo os sentimentos diminuem, e o lado obscuro da personalidade se mostra, aquele que for ofendido entra em cruel distanciamento! Muitos entendem que as brigas significam ausência ou o

Semana 5: Como Você pode Amá-lo, mesmo contra os seus Sentimentos?

fim do amor, sem perceber que as brigas vêm e vão, e mesmo que você fuja das brigas hoje, amanhã haverá novas que poderão ser ainda piores que as de hoje.

A única maneira que existe, de qualquer casamento superar os tempos difíceis é entender que o amor continua porque alguém simplesmente decidiu que ele ficará. Você entende isso? O amor *ágape* é uma simples decisão. Nós escolhemos amar a despeito dos pecados do amado.

Leia Oséias 3:1. O que Deus diz para Oséias fazer mesmo tendo a esposa cometido adultério contra ele? _____
_____
_____

O que você diz sobre a atitude de Deus quanto ao povo de Israel quando este se curvou diante de outros deuses?_____
_____
_____

O amor *ágape* não é condizente com o pecado. Não convive com o pecado. Não cria desculpa para o pecado. Não tenta fingir que o pecado não existe. Não leva a culpa do pecado; apenas continua a existir mesmo durante os momentos quando não é merecido.

É uma escolha de alguém que ama, e não daquele que está sendo amado. Não há nada que o amado possa fazer para merecê-lo porque ninguém é justo. Não podemos alcançá-lo, porque não está em nosso poder. Não há nada que o amado possa fazer para acabar com ele, pelas mesmas razões.

Este é o amor sobrenatural que vem somente de Deus e é a única coisa que lhe dará a força de continuar quando o caminhar se torna mais difícil. Quando seu marido expressar a raiva dele em você, mesmo sabendo que você não fez nada para merecê-la; quando ele soltar insultos horríveis, ou virar o rosto, ou se recusar a compartilhar com você a intimidade emocional que você busca, o amor ágape é a única coisa que poderá fazer você perseverar. A única maneira de manter o seu compromisso com o casamento é entregá-lo ao amor *ágape*, sobrenatural de Deus, permitindo que controle suas emoções e suas vontades.

O que o seu casamento significa para você?
_____
_____
_____

O que significa para seus filhos?
_____
_____
_____

Será que o seu casamento é importante o suficiente para eles a ponto de você sacrificar-se e tomar a decisão de dar amor *ágape* ao seu marido, mesmo durante aquelas vezes onde preferiria "torcer o pescoço dele como uma galinha"? Mesmo Deus, às vezes, quer nos punir severamente, mas Ele se retrai e espera que nós retornemos aos Seus caminhos.

Em Oséias capítulos 7-13, Deus entra em grandes detalhes concernentes a como Ele queria punir Israel severamente pelo pecado contínuo de adoração a outros deuses, mesmo assim, no capítulo 11: 9 o que Ele diz?

Deus em Seu infinito amor poupa Seu povo amado do castigo final em favor do amor *ágape* e paciência para trazê-lo de volta à comunhão com Ele. Podemos nós poupar nossos maridos desta mesma forma? Não podemos refrear-nos de "torcer o seu pescoço" e ao invés disto, permitir que Deus o ame através de nós, e restaure a comunhão com ele? Não podemos permitir que Deus seja Aquele que nos corrige e trata conosco?

Muitas mulheres que fizeram este curso, vieram de lares partidos. Eu sei disso porque já compartilharam suas feridas comigo. Elas conhecem a dor de serem filhas de um lar incompleto. Ainda sentem a solidão, o vazio que a separação causou. Você quer esse mesmo desgosto para seus filhos? Não?

Então você precisa estar disposta a fazer algo que no mínimo um de seus pais não fez. Você precisa submeter-se a Deus primeiro e permitir que Ele corrija seu cônjuge. Perceba que sua raiva, ressentimento e amargura estão atrapalhando o mover de Deus quando Ele tenta alcançar seu marido. Quando ele explode em raiva contra você, e você retalha da mesma maneira, ele não vai conseguir ouvir o Espírito Santo falar com ele por causa de seus gritos e insultos. Em vez de ouvir sua voz de raiva, não seria mais benéfico para ele, escutar a voz Daquele que o criou, em primeiro lugar?

Não é fácil! É natural tentarmos nos defender quando alguém está injustamente e raivosamente nos maltratando. Mas, se queremos ter vitórias no nosso casamento, devemos aprender a agir na maneira sobrenatural do Espírito Santo. Isso não significa que deixaremos alguém abusar de nós, pois isto atrapalharia a visão de nossos maridos acerca do amor de Deus, tanto quanto nossos gritos e insultos. Nós aprenderemos mais sobre como podemos reagir melhor nas próximas lições.

Lembra-se da "torta para o Papai Urso" da semana passada? Muito provavelmente, os traços positivos dele esmagaram sumariamente os traços negativos. Como esposas, não podemos ter um pouco de misericórdia e deixar passar? Afinal de contas, o amor *ágape* é o que nós queremos, não é? Deus nos dá. Você dará este amor ao seu marido como Deus pediu? É tempo de decisão.

DIA 1 - EXERCÍCIO PRÁTICO

Declaração de decisão:
Hoje, ___/___/___, diante de Deus, eu,_____, faço a seguinte decisão: Mesmo que meu marido nem sempre mereça, eu farei o meu melhor para oferecer-lhe o amor *ágape*. Eu reconheço que suas ações não têm nada a ver com minha decisão; é um ato de minha vontade em obediência ao mandamento do Senhor.

Mesmo sabendo que às vezes falharei neste desejo, eu farei o melhor para reconhecer minha necessidade de confessar e permitir que o Senhor me mude internamente, e dê amor *ágape* ao meu marido através de mim. Entendo que dar-lhe amor *ágape* não significa que eu justifique ou cubra o seu pecado, mas que eu permita que o meu amor por ele continue, mesmo que ele não o mereça. Eu sei, sem dúvida alguma, que não poderei fazer isso sozinha, mas somente se o Senhor amar através de mim isto acontecerá. Eu simplesmente me entrego a Ti, para ser usada como vaso para levar este amor ao meu marido.

Semana 5: Como Você pode Amá-lo, mesmo contra os seus Sentimentos?

ORAÇÃO DE PROMESSA

Agora Pai Celestial eu confirmo e prometo a Ti, em oração, essa decisão:

_____
_____
_____
_____
_____
_____
_____

PROMESSA AOS MEUS FILHOS

E a vocês, meus filhos (os nomes)_____ complementando, prometo orar diariamente pela proteção de Deus em nosso lar e farei tudo humanamente possível para manter nosso lar em harmonia, intacto e seguro.

Se possível, permita que seu marido leia esta página, e carinhosamente peça que ele junte-se a você nessas promessas feitas a: vocês mesmos, seus filhos e especialmente a Deus, através da fé em Jesus Cristo. Não tente coagí-lo ou forçá-lo a fazer essa promessa. Você precisa permitir que o Espírito Santo trabalhe na vida dele, assim como Ele está fazendo na sua. Não tente tomar o lugar do Espírito Santo. Se o fizer, impedirá seu marido de escutá-Lo. Não cometa esse erro!

ORAÇÃO DE PROMESSA DO MARIDO

_____
_____
_____
_____
_____
_____
_____
_____
_____
_____

Assinado:

Esposa: _____   Marido: _____

DIA 2 - MEDITAÇÃO
VOCÊ TEM QUE DEIXAR DEUS FAZER O TRABALHO

Leia 1 Coríntios 13:1-8, mais uma vez, ou tente repeti-los de memória.

Ontem foi difícil para você? Eu espero que você tenha conseguido fazer a escolha certa. Se isto tudo ainda é muito novo ou "cru" para você, e não conseguiu se comprometer com sinceridade, então continue orando e tentando permitir que Deus trabalhe em você e através de você. Você verá que quando chegar ao ponto de fazer esse compromisso, colherá mais paz e alegria do que jamais imaginou, porque aprenderá que paz e alegria não são encontrados quando finalmente os entes queridos nos tratam bem. Eles são achados quando nós nos encontramos completos em fé, confiança e obediência a Deus. Depois de fazer essa promessa, precisamos aprender como mantê-la, e é isso que faremos hoje.

A única fonte de amor *ágape* é Deus. O único que pode lhe dar a força para exercer esse amor é Deus. É Ele que tem que lhe dar todas as coisas que Ele mesmo requisita de você para que possa fazer as coisas à maneira Dele. É típico do nosso Pai Celestial, nos levar a depender inteiramente Dele ao invés de depender de nós mesmos.

Quando Ele lhe dará o amor *ágape*? Quando você pedir. Assim como a salvação, peça-o. Ele o dará gratuitamente quando você sinceramente quiser. Ele não forçará isto em você. Você sinceramente pediu ontem? Se sim, Ele o deu a você. Agora você precisa exercitar o que lhe foi dado.

Você tem escolha. Escolha continuar a viver com sua raiva, ressentimento, conflito, infelicidade e solidão, ou escolha exercer o amor *ágape* que Ele lhe deu e experimentar uma paz interior e um contentamento apesar das circunstâncias.

Quando o amor *ágape* estiver no controle de suas emoções, você se preocupará mais com o pensamento de seu Pai Celestial a seu respeito do que com o tratamento de seu marido a seu respeito.

Quando você confia em Deus e escolhe Seu caminho, você O libera para trabalhar na vida de seu esposo de uma forma que Ele nunca trabalhou antes. Então se torna responsabilidade de Deus, e não sua, de defender você e trazê-lo em obediência divina.

Leia 1 Pedro 3:1. Na Bíblia Amplificada, lê-se dessa forma "Do mesmo modo, mulheres casadas, sejam submissas a seus próprios maridos (submetam-se a serem secundárias e dependentes deles e se adaptarem a eles) para que mesmo que algum não obedeça à Palavra (de Deus), eles possam ser ganhos não pelas discussões, mas pelas vidas (piedosas) de suas esposas."

Acreditem, meninas: Sei que é difícil de se receber este versículo. Eu sei como é fácil sentir que Deus deve achar que somos inferiores aos homens, mas não é isso que Ele está dizendo de maneira alguma! Como aprendemos ontem, é Deus que precisa ensinar nosso marido a nos tratar da maneira correta. Levará mais tempo se Deus tiver que competir conosco pela atenção de nosso marido quando estiver agindo mal. E lembrem-se, no capítulo 2, Pedro já havia ensinado sobre submissão e atitudes apropriadas de comportamento em outros relacionamentos humanos. É por isso que este capítulo inicia-se com a expressão "do mesmo modo".

Semana 5: Como Você pode Amá-lo, mesmo contra os seus Sentimentos?

Os versos citados podem ser aplicados tanto a maridos salvos como incrédulos. Se cooperar com Deus, você terá influência sobre seu marido, e ele poderá ser ganho pela obediência piedosa. De acordo com este verso, como você pode influenciá-lo ? _____
_____
_____
_____
_____

Em outra versão da Bíblia, a palavra "conduta" é usada nesse versículo. A palavra "conduta" refere-se às nossas ações. Podemos concordar ou discordar com nossos maridos tudo que quisermos, a Bíblia é clara nisso, mas é de maneira piedosa que devemos fazer isso, sempre apoiadas por obediência à decisão final deles; assim poderemos ganhá-los. Lembrem-se, não podemos mudar nosso marido, somente Deus pode fazer isso.

Leia 1 Pedro 2:15. Novamente, citando da Bíblia Amplificada: "Porque é desejo e vontade de Deus que ao fazermos o correto (suas vidas honestas e boas) devemos amordaçar as cobranças ignorantes e críticas mal formadas de pessoas tolas."

Uau! Deus é bem direto em como Ele lidará com um marido que está acusando injustamente, demonstrando mau humor ou nos maltratando. Eu, pessoalmente, acho que Deus é capaz de lidar com eles, você não?

Não era o que você queria ouvir? Percebo que a palavra "o" é um comprimido duro para alguns engolirem. O Senhor está nos ordenando a respeitar as decisões de nossos maridos, e prontamente seguir a liderança deles. A Bíblia chama isto de "obediência" e esta palavra põe um gosto desagradável na boca de muitas mulheres! Este é um tópico que discutiremos mais detalhadamente na 12ª semana, mas por enquanto você precisa entender isso: Todos os seres humanos têm outros seres humanos aos quais devem se submeter nesta terra. No trabalho, devemos nos submeter ao chefe, mesmo quando discordamos dele. Nas estradas, devemos nos submeter às leis do trânsito. No tribunal, nos submetemos à decisão do juiz, mesmo quando achamos que ele é injusto. E assim por diante. Toda instituição deve ter um cabeça, um líder que precisa assumir a responsabilidade. Deus determinou isto para o lar, e o marido é o chefe da casa, mesmo que discordemos com alguma decisão dele.

Novamente, eu não estou dizendo que você deve aceitar tudo que ele diz, mas que há uma maneira correta e uma errada de tentar corrigí-lo. A maneira correta certamente não é a maneira mais natural ou mais fácil, mas é a única maneira de experimentar uma mudança real em nosso casamento. Há uma maneira de falar o que você pensa, e não permitir que os maus-tratos continuem; de qualquer forma, gritar de volta, fazer beicinho, fingir-se de capacho, ou chorar histericamente não é a resposta. Continue lendo.

Mais uma vez, leia 1 Pedro 2:15 e 3:1. O que estes versículos dizem?
_____
_____
_____

Eu lembro a você: para receber o "prêmio" que deseja, precisa fazer as coisas à maneira de Deus. Se você quer que seu marido a trate com o respeito e bondade como Deus manda fazer, primeiro tem que lhe responder da maneira como Deus requer.

Lembre-se de um fato importante: Somos duras com eles quando falham, mas nos esquecemos de nossas próprias falhas.

DIA 3 - MEDITAÇÃO
COMPRIMIDOS AMARGOS SÃO DIFÍCEIS DE ENGOLIR

Por favor seja especialmente dedicada à oração quando estudar a Palavra de Deus durante estes dias. Ela pode ter um grande impacto em sua vida particular e em seu casamento.

Leia Jeremias 29:11. Nesse versículo, o que o Senhor declara que Ele quer para você?_____
_____
_____

Com esse versículo, posso ver que Deus não somente quer o que é melhor para mim, mas Ele realmente quer "as melhores coisas" com as quais eu jamais poderia sonhar sozinha. Entendendo isso, torna os comprimidos duros e amargos que tivemos que tomar nesta semana, um pouco mais fáceis.

Percebo que Deus não está tentando tirar minha individualidade ou minha habilidade de pensar por mim mesma, mas Ele sabe melhor do que eu o que me fará feliz, o que funcionará em minha vida (e também o que não funcionará), e quais ajustes preciso fazer para acatar o Seu conhecimento e conselho.

Em resumo, confio Nele para guiar minha vida, meus pensamentos e minhas ações.

Já que estamos aprendendo a amar nossos maridos com amor *ágape*, vamos olhar agora para outros fatos que nos auxiliarão em nossos relacionamentos com eles.

Eu recentemente escutei um pastor ensinando sobre a área de restauração de um relacionamento quebrado. Aqui estão alguns de seus pontos importantes para restaurar um relacionamento quebrado (por favor procure os versos indicados):

- I Pedro 5:5. A chave para reconstruir um relacionamento quebrado é: Livrar-se do(a)_____.
- Romanos 12:3. Nunca poderemos ter com nosso marido o tipo de comunhão que Deus pretende que tenhamos, até que estejamos livres do orgulho. Orgulho nos leva a pensar mais altivamente sobre nós mesmos, sobre o que pensamos (nossas opiniões), sobre o que fazemos (nossas ações), muito mais do que deveríamos.

Seis passos para restaurarmos um relacionamento quebrado:

Leia Tiago 4:6.

1. Peça a Deus _____. Se não percebemos que não podemos fazer essas coisas sem a ajuda de Deus, falharemos e nosso relacionamento continuará a falhar também. Evite os EU-Monstros! Ponha a outra pessoa em primeiro lugar.

Leia Romanos 12:10 e Filipenses 2:3.

2. Afirme que _____. A outra pessoa precisa que você afirme o valor dele como pessoa e como seu cônjuge. Lembre-se, vocês se casaram para satisfazerem as necessidades um do outro, não somente para satisfazer sua necessidade egoisticamente. Pense nos bons tempos. Pense nos bons traços da outra pessoa ao invés dos negativos (Você se lembra da torta do Papai Urso da semana passada?). Faça as pazes rapidamente! Um estudo foi feito recentemente sobre os relacionamentos dos macacos, e houve uma importante descoberta. Os macacos brigam exatamente como os humanos fazem. Se eles não fazem contato olho no olho durante os primeiros cinco minutos após a briga, o relacionamento deles está prejudicado para sempre. Uau! Isso tem a ver com a nossa classe ou o quê?!!

Leia Gálatas 6:5 e Romanos 3:23.

3. Admita seu próprio _____. Há dois lados para toda história. Ambos têm responsabilidades por dizer, ou fazer, algo errado em quase toda discussão. Às vezes pode ser só uma atitude errada, mas se cada um admitir seu próprio erro, evitarão que o orgulho lidere. Validem os sentimentos um do outro. Enquanto você joga a culpa para o outro, não fará nenhum progresso.

Leia Colossenses 3:13.

4. Permita que ele _____. Você tem que permitir que ele seja humano. Relaxe! Não fique tão tensa! Nós todos cometemos erros, então não vá muito fundo quando aquele que está errando é seu marido. Tente aprender a divertir-se, "amolando" um ao outro um pouco. O humor ajudará a aliviar a tensão. Com certeza funciona neste curso, não é?! Aprenda a dar um "presente de amor" todos os dias.

Leia Filipenses 2:4 e Romanos 15:2.

5. Ajuste-se _____. Nós devemos sempre estar dispostos a nos ajustar às necessidades das outras pessoas. Afinal de contas, nós queremos que elas se ajustem às nossas, não é?

Semana 5: Como Você pode Amá-lo, mesmo contra os seus Sentimentos?

Leia 1 Coríntios 7:4, Filipenses 2:5-7 e Romanos 15:5.

6. Abandone os seus _____. Na sociedade de hoje as pessoas estão sobremaneira preocupadas com seus próprios direitos. Isso é resultado de uma sociedade egoísta, determinada a fazer tudo por conta própria, não levando em conta o que está correto de acordo com a Palavra de Deus. A Bíblia claramente diz que Cristo abandonou Seus direitos em nosso benefício. Por que não podemos abandonar nossos direitos para o benefício Dele e de Seu Reino? Jesus tinha o direito de ficar no céu. Ele tinha o direito de não vir a esta Terra repleta de pessoas pecaminosas; Ele tinha direito de não levar nossa punição na cruz. Ele abriu mão desses direitos por causa do Seu amor por nós. Não fizemos nada para merecê-lo. Nós é que pecamos, não Ele. Ele não nos devia nada, mas Se entregou mesmo assim. Então quem somos nós ao insistir e exigir nossos direitos acima dos Dele? Ele quer que os nossos casamentos sejam fortes para benefício de Seu Reino. Se entregarmos os nossos direitos a Cristo, Ele os exercitará para Sua glória e nosso benefício.

DIA 4 - MEDITAÇÃO
NÃO, VOCÊ NÃO É UM CAPACHO

Leia 1 Pedro 3:1. Para você, parece que estou dizendo que não importa o que seu marido diga ou como ele diga, você não deve expressar nenhuma reação e simplesmente aceitar? _____ Neste versículo, perceba a expressão que Pedro usa para começar sua nova instrução para as esposas. Quando a expressão "do mesmo modo" é usada, significa "assim como antes", ou "assim como eu já disse antes". Portanto, cada vez que você encontrar esta expressão, terá que voltar aos versículos anteriores para ver o que foi requerido que faça ou para ver o que já foi dito.

Agora leia 1 Pedro 2:11-17. Nestes versículos a quem devemos ser sujeitas? _____. Esta instrução é somente para as esposas? _____ Para quem é? _____.

O que o versículo 12 diz sobre como deve ser nossa conduta? _____
_____

O que os versículos de 13 a 17 explicam sobre quais devem ser nossas atitudes? _____
_____

Agora leia os versículos 18 a 25.
Para quem esses versículos foram direcionados? _____ Como cristãos, nós somos servos? _____ Quem é o nosso Mestre? _____

De que maneira os versos 19 e 20 orientam os servos cristãos a lidar com as injustiças por parte de seus senhores? _____
_____

O versículo 21 nos fala que devemos seguir o exemplo de Cristo. Conforme os versículos 22 e 23 como Jesus reagiu quando foi injustamente acusado? _____
_____

Semana 5: Como Você pode Amá-lo, mesmo contra os seus Sentimentos?

O versículo 23 diz que Cristo recorreu Àquele que julga justamente (referindo-se a Deus, o Pai). Isso quer dizer que Ele não se preocupava em como o homem O julgava, mas somente em como o Pai O julgava. O que podemos aprender sobre sermos injustamente julgadas pelos nossos maridos?_____
Quando sofremos acusações injustas ou maus tratos de outros, por quem estamos realmente sofrendo? _____ Nossas reações devem ser semelhantes às de quem? _____ Por quê?_____

Leia 1 Pedro 3:1. Quando se refere ao marido ser ganho pelo comportamento, aponta para o marido que age em desobediência à Palavra, não somente para maridos incrédulos. Está se referindo à sua obediência ser ganha tanto quanto sua alma. Então, o seu comportamento de esposa deve influenciar seu esposo na obediência a Deus.

No passado, muitos ensinaram e foram ensinados que para ser piedosa e submissa, a esposa teria que permanecer quieta, absorver a dor, e não dizer nada. Submissão é um tópico que estudaremos com mais detalhes mais à frente, porém antes mostrarei de que maneira este tipo de ensinamento falhava num ponto muito importante.

O versículo 2 fala sobre nossa conduta. Conduta é o que dizemos e a maneira como agimos quando dizemos. É sobre nossa caminhada visível com Cristo. Envolve nossa reputação e testemunho a longo prazo, não somente em um incidente. Se nossa conduta é aquela que agrada os olhos de Deus, então cedo ou tarde, influenciaremos positivamente o nosso marido.

Infelizmente também o influenciaremos se nossa conduta NÃO for aquilo que Deus queria, por desobediência ao invés de obediência. Quando você demonstra conduta (ou reação) errada, na verdade, isso reforçará a conduta errada dele. É o que nós queremos?

Então, como devemos reagir? De acordo com esses 2 capítulos de 1 Pedro devemos:

1. Ser honestas em nossa conduta (2:11, 22)
2. Não ser maliciosas ou repreensivas (2:16, 23)
3. Ser respeitosas e mansas (2:18; 3:2,4)
4. Ser sujeitas às autoridades (2:13,14,16,18; 3:1). Note que um verso se refere à autoridade do marido e outros quatro referem-se a outras autoridades em nossas vidas e os mesmos são dirigidos a ambos, tanto para homens como para as mulheres.
5. Confiar em Deus para julgar e lidar com as coisas à maneira Dele em seu favor (2:23, 3:5).

Lembre-se: a única pessoa que podemos mudar somos nós mesmas. Devemos deixar as mudanças dos outros para o Senhor, que os ama mais do que nós mesmas poderíamos amar.

Você se sente inadequada para mudar sua própria maneira e cumprir as expectativas do Senhor? Então junte-se à multidão, querida. Você tem que lembrar, que somente com Deus através de você, é que poderá alcançar este objetivo. Lembre-se do que Ele promete: "Eu posso todas as coisas através de Cristo que me fortalece!" (Filipenses 4:13 - NVI)

Semana 5: Como Você pode Amá-lo, mesmo contra os seus Sentimentos?

DIA 4 - EXERCÍCIO PRÁTICO

Depois de ler 1 Pedro capítulo 3, descreva com suas próprias palavras o que Deus quer que você responda aos outros, especialmente ao seu marido, quando sentir-se injustiçada. _____
_____
_____
_____
_____
_____
_____
_____

Agora, honestamente, descreva como as instruções Dele diferem da maneira como você normalmente reage. _____
_____
_____
_____
_____
_____
_____
_____
_____
_____
_____

Semana 5: Como Você pode Amá-lo, mesmo contra os seus Sentimentos?

DIA 5 - MEDITAÇÃO
OS 10 MANDAMENTOS?

Leia Atos 24. Como Paulo reagiu depois de ter sido injustamente acusado, aprisionado por dois anos, naufragado enquanto prisioneiro, e trazido diante do tribunal de Félix? Nesta passagem você deverá achar 10 diferentes respostas, atitudes ou ações dele (respostas a seguir):

1._____
2._____
3._____
4._____
5._____
6._____
7._____
8._____
9._____
10._____

Liste maneiras específicas pelas quais Deus falou com você sobre mudanças.
_____
_____
_____
_____
_____
_____
_____
_____
_____

Como um cristão deve responder quando acusado injustamente?

Sabemos como Jesus reagiu quando acusado injustamente, mas será que Deus espera que nós, meros seres humanos, reajamos da mesma forma?

Deus, em Sua infinita sabedoria e misericórdia, nos deu outros exemplos de pessoas, nas mesmas circunstâncias, e como elas responderam. Um grande exemplo é a história do apóstolo Paulo. Na passagem acima, Paulo tinha sido mantido prisioneiro por dois anos por algo de que não era culpado. É impressionante como Paulo pôde manter uma atitude igual à de Cristo no meio de suas lutas.

Depois de ler e estudar essas passagens, veja se você pode identificar os versos em que ocorrem os 10 fatos abaixo (depois de fazer este estudo eu decidi chamá-los fatos).

MEUS 10 MANDAMENTOS PARA LIDAR COM INJUSTIÇAS
(Tirado do exemplo do apóstolo Paulo - Atos 24)

1. Aceitar que haverá injustiças e falsas acusações.
2. Perceber que a pessoa que acusa você está sendo influenciada pelo inimigo.
3. Perceber que eles sabem a verdade mas não estão ainda dispostos a agir de acordo com ela; então, devo orar por eles.
4. Tratá-los com respeito.
5. Posso expor meu caso, não discutir.
6. Fazer o que é correto diante de Deus, não do homem.
7. Não me preocupar com minhas "prisões" (lutas emocionais ou físicas).
8. Continuar a testemunhar a verdade de Deus.
9. Não ser tentada a cair no desejo de ser subornada (qualquer acusador tem interesse em alguma coisa que você possui).
10. Perceber que a libertação desta prisão (luta) pode não acontecer em meu tempo, mas acontecerá.

Já que o Senhor mostrou 10 atitudes que Paulo demonstrou quando lidava com lutas e falsas acusações, entendi que os meus problemas são pequenos em comparação aos dele, e que eu deveria praticar as 10 atitudes também. Eu não as conquistei ainda, mas estou melhorando!

Como Paulo, em Filipenses 3:14, eu "prossigo para o alvo, para o prêmio do chamado celestial de Deus em Cristo Jesus"!

Que Deus lhe dê graça enquanto você se esforça em servi-lo e crescer em Cristo Jesus.

O que acontece quando a Mamãe Ursa fica quente?

Nós falamos muito sobre o Papai Urso ficar quente mas, e a Mamãe Ursa? Ela está sempre legal, calma e contida? Ou às vezes você é uma Mama apimentada? Talvez este cenário seja mais semelhante à sua casa:

Marido chega depois de um péssimo dia de trabalho e continua sorrindo: "Olá querida. Como foi o seu di..."

"Já era tempo! Eu fiquei com as crianças o dia todo... agora é a sua vez! Você não faz nada aqui para me ajudar. Tudo o que eu faço é trabalhar, trabalhar e trabalhar! No mínimo você podia fazer o jantar de vez em quando, já que você almoça fora todos os dias, e depois volta para o seu escritório tranquilo! Afinal de contas, o trabalho de uma mulher nunca termina. Eu fico com essas crianças 24 horas durante 7 dias por semana. Você vai para o mundo lá fora todos os dias. Você nunca escuta as crianças chorando. Eu estou cheia disto!"

Bem vindo ao lar querido! Obrigado por trabalhar tão duro para que eu pudesse ser uma mãe por tempo integral!

Qual exemplo é mais semelhante ao que ocorre na sua casa? Seja honesta. Dê o último exemplo, do qual você possa se lembrar, de um desses cenários acontecendo. _____

_____

Como seu marido lidou com isso? Talvez ele tenha usado um pouco da sabedoria que Deus tem nos ensinado? Ou talvez você até esteja com medo que ele aprenda? É tempo de adentrar no quartinho de oração, garotas!

Semana 6
Obaa!! Está Esquentando...

Amando o seu marido – Parte 3

Ok, você estava em pé às 6 da manhã, preparou o café da manhã, acalmou as crianças que gritavam, achou os sapatos perdidos, limpou o dever de casa que o cachorro tão graciosamente usou como toalete, separou brigas entre os filhos, e seu doce amor, Romeu, colocou as crianças no ônibus escolar (depois de perseguir o ônibus por 6 quarteirões), limpou o bumbum do bebê e pernas, pés, cabelos e mãos (ele pensou que era chocolate!) e você está finalmente pronta para sua primeira xícara de café. São apenas 7h55. O dia melhorará agora, certo? Errado! Este é apenas um dia típico na vida entusiasmante de uma "encarregada de zoológico".

E a noite não é diferente. O Papai Urso chega em casa do seu dia no trabalho e imediatamente presume que a encarregada do zoológico (você) está pronta para um tempo de namoro! Aqueles gritos que os vizinhos escutam, definitivamente não são o chamado da leoa para o leão: é mais como a gargalhada de ataque da hiena! O pobre Papai Urso entra em hibernação e emprega o resto da sua noite assistindo futebol na TV. Ele calmamente aguarda que, depois que os macaquinhos estejam na cama, a "surpresa na hora de dormir" o espere. Para seu espanto à noite ele encontra sua companheira de cama parecendo o frango do jantar antes de ser frito. De onde veio aquela camisola? Era da sua avó?

O marido, Horácio, se pergunta: "Para onde foi o romance? O que aconteceu com a minha pequena amada pombinha noiva? Ela age mais como gato selvagem do que como pombinha."

A esposa, Matilde, se pergunta: "Onde estão as palavras dóceis de amor, os toques românticos e as atitudes de auxílio?" A chamada dele para o ato sexual agora lembra mais um urso selvagem do que um urso de pelúcia! Por que as palavras ditas se tornaram críticas e espinhosas?

Que bom que você não percebeu que casamento e filhos seriam algo tão difícil, não é? Se você soubesse disso talvez não tivesse entrado nessa maravilhosa vida no zoológico.

Hei, o que aconteceu com o "mel" da lua-de-mel?

Bem querida, se você está descontente, pode apostar que seu maridão também está!

Alguma coisa precisa ser feita agora, antes que a Sra. "Lábios de Mel" ou o Sr. "Papo Macio", entre em cena e tente consertar os problemas de seu casamento e convença um de vocês que somente eles podem preencher aquelas noites solitárias. Aquelas duas cobras estão lá fora agora, você sabe, somente esperando até que o senhor delas, Sr. Inimigo, veja que é tempo de desenvolver o cenário de sedução no jardim.

Se Horácio e Matilde continuarem a deixar isso acontecer, o Sr. Inimigo provavelmente vencerá outra batalha e esse casamento juntar-se-á aos 51% dos outros que foram jogados na poeira!

Por que há esta porcentagem tão alta de divórcio, mesmo entre os casais cristãos? De quem é a culpa de todas essas brigas?

É do marido? SIM.
É da esposa? SIM.
Bem, qual dos dois? AMBOS.

Algumas esposas dizem: "Não quero nem saber! Eu já cansei desse negócio de sexo há muito tempo atrás. De qualquer forma o sexo é mais para ele do que para mim. Eu já tive todos os filhos que queria, então já terminei com esse tipo de coisa."

Está bem, querida, se é que o seu marido concorda com essa declaração. Quer apostar que ele não concorda? (Eu sei, eu sei, eu não posso apostar!)

O que Deus tem a dizer sobre sexo? Deus? Sexo? As duas palavras na mesma frase? Não é blasfêmia, ou algo assim?

Garotas, eu tenho uma notícia para vocês! Foi Deus quem criou o sexo! Gênesis registra a Sua opinião sobre tudo que Ele criou: bom! Então podemos saber, sem dúvidas, que sexo é bom aos olhos de Deus!

Porque Deus criou o sexo para ser bom e um presente para nós, o inimigo então disse: "Como eu posso corromper este presente? Como eu posso entortar isto para que se torne algo pecaminoso e sujo, ao invés de algo bonito e agradável?" Então ele começou a distorcer e a desfigurar o presente belo de Deus de todas as formas que imaginou. A única maneira que nós podemos combater o inimigo é:

1. Entender exatamente porque Deus nos deu esse precioso presente e seu propósito em nosso casamento.
2. Entender porque o inimigo trabalha tão ferozmente para perverter este presente e como ele tem tentado.
3. Entender a intimidade física de uma perspectiva feminina e identificar suas necessidades.
4. Entender a intimidade física de uma perspectiva masculina e identificar suas necessidades.
5. Entender como nós precisamos adaptar nossos hábitos e maneira de pensar para que possamos experimentar o pleno cumprimento e a bênção que Deus programou para nosso casamento.

Nós falaremos sobre cada uma dessas 5 áreas, em nossos estudos diários desta semana.

E alegria das alegrias! Teremos outra semana entusiasta de exercícios práticos que você e seu marido certamente apreciarão!

Ah! Vamos lá garotas. Relaxem e deixem acontecer! Vocês não se arrependerão!

DIA 1 - MEDITAÇÃO
QUEM VOCÊ DISSE QUE CRIOU O SEXO?

Continuaremos com a porção de admoestação de Paulo em Tito 2 para as mulheres mais velhas ensinarem as mulheres mais novas a amarem seus maridos. Nas últimas 2 semanas estudamos o quê o amor significa de acordo com a Escritura. Na nossa primeira semana sobre casamento, discutimos amor *philandros*, ou amor afetivo. Na semana passada, nós estudamos o amor *ágape*. Hoje estudaremos outro tipo importante de amor, um amor a ser reservado somente para os nossos maridos: o amor *eros*, ou nos termos de hoje, amor sexual. Deus inventou o sexo e o inimigo tem feito de tudo para perverter o plano original de Deus. E qual era o plano original de Deus?

Leia Gênesis 1:28-31 até o final do capítulo 2.

Por que Deus escolheu fazer uma ajudadora para Adão? _____

No versículo 2:18, como Deus descreveu a ajudadora que Ele faria para Adão? _____

O versículo 18 torna claro que Deus faria uma ajudadora *comparável* a Adão. Uma ajudadora *tão valiosa, tão avançada quanto, no mesmo nível* que Adão, mas não exatamente como ele. Ela não seria adversária, para competir com ele, mas sim, o completaria. Ele era o masculino; ela o feminino. As suas diferenças complementariam um ao outro, preencheriam um ao outro e juntos eles poderiam construir uma vida.

Nós, como mulheres, não precisamos lutar por igualdade. Deus já nos deu quando Ele nos fez. Ele disse isso no versículo 18. Mas, garotas, Ele nos fez diferentes! Algumas mulheres não são tão espertas como elas pensam que são! Elas pensam que serem iguais aos homens significa ser o mesmo que os homens. Deus não teria feito mulheres se Ele quisesse que fôssemos iguais aos homens. Se este fosse o caso, Ele simplesmente teria feito mais homens! Deus teria feito Adão e Ivo, e não Adão e Eva!

Depois de haver feito Eva, a primeira coisa que Ele fez foi abençoá-los, dando-lhes um laço sagrado de intimidade não encontrado em nenhum outro relacionamento na Terra. O que a primeira parte do versículo 1:28 manda que eles façam? _____

Como Deus esperava que eles realizassem essa multiplicação? _____

Quem então criou o sexo? _____ De acordo com o versículo 1:31, o que Deus achou sobre tudo o que Ele havia feito? _____

Já que Deus disse que tudo o que Ele havia criado era bom, isso inclui o sexo, certo? Leia Gênesis 2:24. O que você pensa que "se tornar um" significa nesse versículo? _____

Como o versículo 2:25 diz que eles se vestiram? _____

Como eles se sentiram sobre estarem despidos? _____

Leia Gênesis 3:8-10. Foi somente depois que Adão e Eva desobedeceram e quebraram a Lei de Deus que eles ficaram envergonhados. Foi o pecado da desobediência e não do sexo que causou a vergonha. Eles estavam tendo sexo desde quando Deus lhes deu isto lá atrás no verso 1:28. Depois que o pecado entrou no mundo e por causa da perversão sexual fora do casamento, muitas pessoas através das gerações têm crido que todo sexo é pecado a não ser se for para procriação. Esses versículos provam que não é assim.

DIA 1 - EXERCÍCIO PRÁTICO

Se você primeiro ler o exercício prático de hoje e depois explicá-lo ao seu marido, ele poderá estar disposto a participar dele com você. A maneira como você vai apresentá-lo a ele fará toda diferença em sua resposta. Peça-lhe, mas não tente forçá-lo com raiva, fazendo beicinho, ou algo assim!

Para você: Antes do foco dessa semana de intimidade matrimonial, qual era sua impressão da visão de Deus sobre o sexo? Com quem você aprendeu essa visão? _____
_____
_____
_____

Como sua visão anterior difere daquilo que você aprendeu durante esta semana? _____
_____
_____

Você vê área para melhorias? Se sim, qual é o seu plano para melhorias?
_____
_____
_____

Você vê maneiras pelas quais possa estar em mais unidade física com seu marido? _____
_____
_____

Para o seu marido (se possível): Antes desta semana qual era sua impressão da visão de Deus sobre o sexo? Com quem você aprendeu essa visão?
_____
_____
_____

Como essa visão difere daquilo que você tem discutido com sua esposa esta semana? _____
_____

Semana 6: Obaa!! Está Esquentando...

Você vê área de melhorias? Se sim, qual seu plano para melhorias?
_____
_____
_____
_____

De que maneiras você gostaria de estar em mais unidade física com sua esposa?_____
_____
_____
_____
_____
_____

Pratique uma das áreas de melhorias que você mencionou acima! Seus maridos já estão cooperando, meninas?

Dia 2 - MEDITAÇÃO
E DISSE DEUS: - QUE O DIVERTIMENTO COMECE!

Para continuar nosso estudo sobre o plano original de Deus para a intimidade física, por favor leia Gênesis 1:26-29 novamente.

Depois que Deus criou Adão e Eva no verso 26, o que Ele fez nos versos 28 e 29 em relação a Adão e Eva?

1._____
2._____
3._____
4._____

A primeira coisa que Deus fez foi abençoá-los. Que maravilhoso é ter as bênçãos de Deus em nossas vidas! Deus queria o melhor para os Seus filhos! Assim como nós fazemos para os nossos filhos, Deus providenciou tudo para cada necessidade lá no Jardim. Como é triste saber que eles não reconheceram a bênção de Deus! Nós muitas vezes perdemos as bênçãos de Deus pela mesma razão!

A segunda coisa que Deus fez no versículo 28 foi ordenar que fossem frutíferos e que se multiplicassem, para encher a Terra de seres humanos. Ele escolheu o sexo como meio para realizar essa tarefa. Ele criou nossos corpos com uma grande capacidade para executar a experiência e também usufruir de grande companheirismo no processo.

A terceira e quarta coisas que Ele fez foi dar-lhes domínio sobre qualquer ser vivente da Terra, e comida através da vegetação. Para nossos propósitos nesses estudos, focalizaremos as duas primeiras.

Pensem sobre isso, garotas. A primeira coisa que Deus fez por eles foi abençoá-los; a segunda foi dar-lhes a união sexual e ordenou que usassem isso para encher a Terra. Ele nos permitiu criar filhos usando esse lindo e exclusivo presente! Nossos filhos seriam dados a nós por causa dessa unidade, essa união que nos conecta com nosso cônjuge e a nenhum outro. Ele pretendia que nós apreciássemos essa união feita para nossos corpos; Ele fez de uma maneira que não pudéssemos sentir esse prazer singular de nenhuma outra forma.

Naturalmente, o pecado e Satanás vieram juntos para tentar perverter este belo plano.

Quando nós nos tornamos um com o nosso marido, significa que ficamos conectadas com ele. Deus pretendia que nós pudéssemos estar conectados (em união) em pelo menos quatro áreas da vida:

1. Intelectualmente   2. Emocionalmente
3. Espiritualmente   4. Fisicamente.

Quando não estamos em unidade em qualquer uma dessas áreas, nós ficamos como dois indivíduos separados. Nunca experimentaremos a verdadeira alegria de uma união marital até que busquemos conhecer, entender e nos tornar íntimos um do outro em cada uma dessas quatro áreas.

Deus quer que você tenha essa unidade dócil no casamento por que trará a estabilidade emocional em sua vida. Trará a você conforto, aceitação, companheirismo, força, confiança e o sentimento de pertencer a alguém, e o conhecimento de que pelo menos para uma pessoa nesta Terra, você é a pessoa mais importante! Somente a unidade que vem de Deus lhe dará isso.

A maioria dos casais precisam trabalhar no mínimo uma dessas quatro áreas. Uma área de fraqueza afetará a unidade no total, como um elo fraco em uma corrente. Muitas vezes o marido será forte no compartilhamento físico da união e fraco no compartilhamento emocional, intelectual ou espiritual. Pelas mesmas razões, muitas vezes a esposa será forte na área emocional, intelectual ou espiritual, mais fraca na área física. Vejamos exemplos:

1. Uma esposa não vai querer ter intimidade física a menos que ela sinta unidade com seu marido emocionalmente.
2. Se o marido sente que há pouca unidade no físico, ele não funcionará bem na área emocional.
3. Ambas as partes se sentirão vazias se a área espiritual é fraca, porque é Deus que dá propósito e significado ao relacionamento. Sem Ele, o relacionamento se torna vazio rapidamente.

Todas as quatro áreas são igualmente importantes!

DIA 2 - EXERCÍCIO PRÁTICO

Como vocês estão conectados como casal?
Como você classificaria seu casamento em cada uma dessas 4 áreas?

Se possível, junte-se ao seu marido no exercício prático de hoje. Não o force a fazer se ele ainda não está pronto. Deixe o Espírito Santo trabalhar na vida dele.

Numa escala de 1 a 5, classifique cada uma das 4 áreas que nós discutimos hoje, circulando o número que melhor representa seu nível de unidade como casal.

1. Nenhuma unidade
2. Pouca unidade
3. 50% de unidade
4. Muita unidade
5. Unidade completa sem melhorias necessárias.

	Classificação da esposa	Classificação do marido
Intelectualmente	1 2 3 4 5	1 2 3 4 5
Emocionalmente	1 2 3 4 5	1 2 3 4 5
Espiritualmente	1 2 3 4 5	1 2 3 4 5
Fisicamente	1 2 3 4 5	1 2 3 4 5

Compare suas classificações e discuta maneiras de melhorar nas áreas mais necessitadas. Ambos os cônjuges precisam melhorar nas suas próprias áreas de fraquezas para que o casamento melhore por inteiro, mas independente da disposição dele, você precisa fazer a sua parte.

DIA 3 - MEDITAÇÃO
É UM PRESENTE...MANTENHA-O ESPECIAL E BONITO

Como nós definimos na introdução desta semana, quando Deus designa um plano belo para o homem, o inimigo procura destruir e perverter esse plano para nos derrotar e roubar-nos a alegria.

Leia Hebreus 13:4. Neste versículo, como Deus fala que vê o leito matrimonial?_____

Leia Colossenses 3:5 e 1 Coríntios 6:16. Desses 2 versos, compare a visão de Deus de sexo no casamento (Hebreus 13:4 acima) com a visão Dele do relacionamento sexual fora do casamento._____

_____

Nós todos sabemos que o inimigo tenta as pessoas em experiências sexuais fora do casamento, às vezes de formas bem perversas, e nós entendemos que isso é algo corrosivo para os nossos casamentos e para nós mesmas. Porém nós, como cristãos, temos o entendimento de que o inimigo pode usar essa tentação dentro do casamento e nos levar a cair em adultério?

Leia Provérbios 5:15-23. Qual é a advertência de Salomão nesta passagem? _____

_____

Nós devemos nos proteger de qualquer tentação que possa trazer ruína ao nosso casamento.

Algumas mulheres usam sexo como arma no casamento para conseguir as coisas. Eu já vi maridos e esposas (geralmente esposas), ameaçar em evitar o sexo com o cônjuge que se recusa a concordar com uma opinião ou algo em particular que o outro cônjuge quer. Eu já ouvi mulheres falarem sobre conseguirem que algo aconteça ou que algum prêmio seja comprado ou que algo seja recebido da forma que elas querem. Também já ouvi sobre homens e mulheres que se recusam a trazer seus cônjuges à satisfação (por razões egoístas, será?).

Em quaisquer dos casos quando isso acontece, não se engane, a expressão se torna nada mais do que uma tática de controle. Isto é perversão, dentro do casamento, e se continua assim, o cônjuge ofendido se tornará um alvo para o plano de sedução do inimigo.

De acordo com 1 Coríntios 7:5, qual é o mandamento de Paulo concernente à união sexual? Quando é permitido aos casais se absterem?

_____

_____

O que diz que Satanás fará se privamos um ao outro do sexo no casamento? _____

Deus está tentando nos ensinar que dentro de circunstâncias normais, não devemos privar um ao outro do ato sexual exceto por acordo mútuo de oração e jejum.

Leia 2 Samuel 12:13-24. Depois que Davi pecou com Betseba, Natã profetizou a morte para o filho deles. Após o arrependimento deles, o que a profecia os levou a fazer? _____

_____

_____

Semana 6: Obaa!! Está Esquentando...

Depois de um tempo de oração e jejum, e após a morte da criança, o que Davi fez?_____

Como as suas ações afetaram Betseba quando ele entrou e deitou com ela? _____
_____

Os versículos acima confirmam que intimidade física é uma grande fonte de conforto para marido e esposa.

Naturalmente, existem outras ocasiões, especialmente por razões médicas, que devemos nos abster. Levítico, capítulo 18, também proíbe o ato sexual durante o período de menstruação de uma mulher. Ainda assim, a Escritura deixa bem claro que não devemos recusar sexo como punição ou manipulação.

Tome cuidado: Se você fizer dessa forma, corre o risco de colocar o seu amor em um plano de pagamento de um sistema de permuta. Não será mais um ato especial de amor entre você e seu cônjuge, mas um ato a ser leiloado pelo preço certo. Consequentemente, um parceiro começa a sentir a necessidade de trabalhar para conseguir a intimidade sexual, ao invés de trabalhar para enriquecer algo que já tem!

Não é o que Deus pretendia, e não é isto que manterá um casamento!

Você, muitas vezes, ou alguma vez, usou o privilégio sexual como arma ou ferramenta para conseguir o que você queria de seu marido? Se sim, descreva tal incidente. O que você recebeu que era tão importante para você?
_____
_____

A recompensa que você buscou parece mais barata e muito menos importante para você agora?_____

O Senhor a convenceu dessa ação? Por favor, descreva sua resposta aqui:_____
_____
_____
_____

Seu marido alguma vez usou isso contra você? Se sim, como você se sentiu?_____
_____
_____
_____
_____

DIA 3 - EXERCÍCIO PRÁTICO

Se você tem o hábito de usar favores sexuais como uma arma ou ferramenta, então você precisará fazer o exercício prático de hoje.

Hoje à noite, quando seu marido chegar do trabalho, cumprimente-o de uma forma especial, como nós treinamos na semana retrasada. Vista-se com roupas coloridas; certifique-se que você cheira bem como se ainda estivesse namorando; toque-o; beije-o; e certifique-se que você tenha uma boa atitude mental.

Se esta tem sido a sua tendência (usar sexo como arma ou ferramenta):

Assim que seus filhos estejam na cama, sente-se com seu marido e tenha coragem de admitir seus erros nessa área. Deixe-o saber que você quer mudar e que esta não é outra tentativa de manipulá-lo, mas que você é sincera. Você precisará ser persistente naquilo que está dizendo até que ele acredite em você. Quando for a hora de deitar-se, esteja atrativa e disponível para intimidade sexual, mas deixe que ele tome a iniciativa. Se ele fizer, seja uma participante que se doa, disponível. Deixe-o saber que a única razão pela qual você está fazendo isto é porque o ama e quer compartilhar deste presente especial com ele e que não há nenhum outro motivo além desse.

Se não tem sido a sua tendência:

Reitere ao seu marido como é especial a sua visão de seu relacionamento sexual. Se ele começar a fazer amor, esteja pronta, disponível e mostre que você realmente está sendo sincera!

Lembrem-se, garotas: Fazemos o que fazemos primeiro por causa do nosso amor por Nosso Senhor Jesus Cristo, e segundo, pelo amor por nosso marido.

Descreva a reação de seu marido aqui _____

_____
_____
_____
_____
_____
_____
_____
_____
_____

DIA 4 - MEDITAÇÃO
NECESSIDADES DELE VERSUS NECESSIDADES DELA - PARTE 1

Leia 1 Coríntios 7: 2-4. Leia Cântico dos Cânticos, capítulos 1-4. Como já disse antes, prazer sexual é um belo presente de Deus para os casais casados. Deveria ser uma das áreas de nosso relacionamento a trazer o maior grau de alegria, contentamento, prazer e unidade de espírito, mais que qualquer outra área de relacionamento humano. Assim mesmo muitas vezes gastamos tempo demais lutando nessa área. Uma das causas é a nossa falta de entendimento de como homens e mulheres diferem nessa área. Muitas vezes a esposa acha que o marido precisa das mesmas coisas que ela e vice-versa. Precisamos entender que Deus nos fez diferentes nessa área, assim como em qualquer outra área.

A maioria dos homens, mesmo dedicados homens cristãos, dirão que sexo é muito importante para eles. A maioria também dirá que seu maior desejo na área sexual é que suas esposas tomem a iniciativa mais frequentemente. Mais do que isso, você sabia que a maioria dos homens cristãos consideram suas vidas sexuais monótonas?

E quanto a você, sua vida sexual é monótona? Se acha que sim, você pode ter certeza que seu marido acha também!

Senhoras, estou aqui para dizer-lhes que se sexo é a questão de maior importância para seu marido, é também para você, queira você ou não! Se ele está aborrecido, e não está lhe contando, então o palco pode estar pronto para um sofrimento profundo. As esposas também precisam de uma vida sexual prazerosa; isso acrescenta tempero à vida de ambos, tão cheia de pressões e lutas.

E quanto a nós, esposas? O que é que as esposas desejam no sentido de serem diferentes no relacionamento sexual? A maioria deseja uma intimidade emocional mais profunda com seus maridos e que isso fique evidente durante o ato sexual.

Por que simplesmente nós não podemos nos doar naquilo que precisamos mais? Não somos importantes o suficiente para cumprirmos necessidades mais íntimas um do outro? Se amamos nossos companheiros e amamos e reverenciamos a Deus, faremos todo o possível para construirmos nossos casamentos de modo que se tornem rica fonte de realizações como Ele pretendia que fosse.

Seu marido deve aprender a satisfazer você também, e de fato a maioria deles quer, mas eles simplesmente não sabem o que as esposas necessitam. Precisamos estar dispostas a dizer o que nós desejamos. Ocasionalmente, eu escuto de senhoras que os maridos parecem não se importar com suas necessidades, mas é raro. Uma palavra de advertência: Você deve falar a verdade em amor, mas somente Deus pode convencer o seu coração.

Leia 1 Coríntios 7:2-4. De acordo com esses versículos, quem é responsável pela sua realização sexual?_____

Quem é responsável pela realização pessoal de seu marido?_____
_____
_____

Então, aí vai! É falha de seu "noivo" quando a experiência não é acima da média, hein? Bem, você pode dizer sim...que é, contanto que admita que de acordo com este mesmo versículo, é sua responsabilidade se a experiência dele não faz os sinos tocarem também!

Não é assim que Deus faz? Para que pudéssemos aprender a depender um do outro, Ele deu a você autoridade sobre o corpo de seu marido e autoridade a ele sobre seu corpo! Para sabermos como trazer realização para nossos maridos, precisamos saber o que os fazem ficar aguçados, sexualmente falando. Não é segredo que homens e mulheres são diferentes, e trazem para o casamento expectativas e necessidades diferentes, às vezes até opostas.

Por exemplo, seu marido precisa de gratificação sexual tanto quanto você precisa de atos de bondade e romance. E querida, é provável que ele não receba o sexo se você não receber a bondade, certo? Da mesma forma, não há probabilidade de você receber a bondade, se ele não está satisfeito na área sexual! Aqui novamente, Deus foi brilhante, porque para termos completa realização, precisamos de ambos, e esta foi a forma Dele de assegurar que nós experimentássemos isso!

Outro exemplo de nossas diferenças é que a mulher precisa que o sexo seja uma experiência emocional juntamente com o excitamento físico. Para ele, o excitamento físico é a experiência emocional! Ela quer conversar primeiro e compartilhar tudo que está sentindo verbalmente, e depois fazer amor. Ele quer fazer amor, e depois um bom papo talvez, se ele não dormir primeiro! Certo, amigas?

A maioria dos problemas ocorrem quando os cônjuges tentam dar prazer sexual à maneira que eles gostam ao invés de à maneira que seus cônjuges gostam. Se aprendermos a colocar as necessidades de nossos maridos primeiro, e eles aprenderem a colocar as nossas primeiro, então ambos terminaremos completamente satisfeitos.

Eu vou tornar isso super simples em nossa lição de hoje, ok, meninas? Neste quadro, listarei as diferenças que homens e mulheres veem em seus relacionamentos.

Homens	Mulheres
Precisam de satisfação sexual para saberem que são amados.	Precisam de conexão emocional para saberem que são amadas
São visualmente estimulados para o sexo	Estimuladas para o sexo com toque, carinho e palavras
Instantâneo excitamento sexual	Excitamento acontece vagarosamente com persistência
Desejam conversas não associadas ao relacionamento	Conversas íntimas necessárias para a realização
Querem que a esposa seja uma amante	Querem um companheiro de alma
Desejam que a esposa instigue o sexo com mais frequência	Desejam romance mais vezes
Desejam mais quantidade	Desejam mais qualidade

DIA 4 - EXERCÍCIO PRÁTICO

Você já está preparado para a lua-de-mel?

Enquanto você leu os capítulos 1-4 de Cantares de Salomão, você percebeu como a esposa descreveu o relacionamento de amor deles? Como você descreveria o seu? _____
_____
_____

Como o seu marido descreveria a sua vida amorosa? Você tem coragem para perguntar e receber dele a resposta sem rancor? A resposta dele:
_____
_____

Amanhã à noite você fará o exercício prático mais importante da semana, e precisará estar já hoje, se preparando para ele.

Se você tem filhos, faça o possível para que eles possam passar uma noite com familiares ou amigos. Talvez você possa trocar noites com uma amiga que está fazendo este curso, com uma fazendo a tarefa na sexta à noite e a outra no sábado à noite.

Se isto é absolutamente impossível você deve prepará-los antecipadamente. Diga-lhes que amanhã papai e mamãe terão uma noite especial juntos. Tente mantê-los acordados durante o período de soneca para colocá-los na cama mais cedo. Se eles já são muito velhos para sonecas, avise-os antecipadamente que precisarão estar prontos para irem para seus quartos uma hora depois que papai chegar em casa e ficar lá a noite toda. Ofereça-lhes uma recompensa por uma boa atitude e outra por um bom comportamento. Pela mesma razão, ofereça-lhes castigo por desobediência. Certifique-se de dar-lhes o que eles merecem. Faça disso algo divertido para eles também, dizendo-lhes que isso fará papai e mamãe felizes e se amarem mais. Qualquer coisa que funcionar, mas você pode fazer isso! Será bom para seu casamento e trará bem para seus filhos.

Nada dará mais segurança a um filho do que ver papai e mamãe dando um ao outro um tipo especial de atenção amorosa.

Planeje hoje um simples menu para o interlúdio de amanhã à noite. Você poderá querer pedir uma entrega, o que quer que seja, algo simples lá em sua própria casa. Se cozinhar, faça algo saboroso, mas que não tome muito tempo. Você deverá estar gastando mais tempo consigo mesma e com ele do que com a comida.

Planeje usar um traje sexy quando seu marido chegar do trabalho. Planeje outro traje mais sexy para seu jantar, que será servido em seu quarto, depois que as crianças estiverem dormindo!

Prepare um local em seu quarto onde você pode servir o jantar. A mesa poderá ser colocada lá; você poderá preparar uma bandeja para servir o jantar na cama. Seja criativa!

Certifique-se de que ambos, quarto e você, cheiram bem e que estão radiantes e limpos. Coloque música para tocar e velas acesas e use flores frescas, se possível. Pétalas de rosas espalhadas no chão e cama oferecem um toque especial.

Depois que o jantar for servido (se ele deixar que você chegue lá!) ofereça-lhe uma massagem nas costas. Sim, eu entendo que você trabalha tanto quanto ele, mas só dessa vez, faça-lhe isto. Veja se a resposta desta ação não vale a pena!

Agora, deixe a natureza tomar seu curso. Faça amor apaixonante com ele, sendo você a instigadora.

Grave a resposta de seu marido para as atividades dessa semana. Se ele gostou o tanto que eu acho que gostará, pergunte-lhe se está disposto a se juntar a você, fazendo esforços extras para satisfazer as necessidades de ambos. Eu apostarei (aqui vou eu, apostando novamente!) que ele responderá com SIM gritante.

DIA 5 - MEDITAÇÃO
AS NECESSIDADES DELE VERSUS AS
NECESSIDADES DELA - PARTE 2

Uma palavra de conselho: dividi o estudo de hoje em duas partes. Se você tem filhos pequenos que limitam o seu tempo de estudo pela manhã, você poderá desejar fazer a parte 2 do estudo de hoje amanhã de manhã para preparar-se para o encontro especial de hoje à noite. De qualquer forma, é extremamente importante que você ainda tenha sua devocional com o Senhor hoje. Ajudará a preparar seu coração e atitude para a noite de contentamento matrimonial!

Leia Cantares de Salomão, capítulos 4-8. Enquanto lê essa passagem, mantenha em mente que esta é uma história que descreve o casamento deles e a noite de núpcias quando eles experimentaram a união sexual pela primeira vez como casal. Perceba o amor apaixonante que eles expressam um pelo outro e a disponibilidade total da noiva e desejo para que a união aconteça. Ela expressa sua entrega em belos termos de romance no capítulo 4.

No capítulo 5, Salomão alegremente expressa a confirmação de Deus para a união deles. Noiva e noivo não escondem o fato de que estão de cabeça para baixo de tão apaixonados e o foco deles é um ao outro, mesmo estando os convidados ainda presentes quando eles saem para ir ao recinto matrimonial.

Pense no seu encontro de hoje à noite como sendo uma segunda chance daquela noite nupcial, tão preciosa!

Em poucas palavras, escreva o seu plano para o encontro de hoje à noite. O que você aprendeu em Cantares de Salomão que pode ajudá-la para que sua noite seja um pouco mais especial? _____

_____

Eu gostaria de terminar essa porção de "Amando seu marido" com algumas palavras à respeito de outras coisas importantes que um marido necessita de sua esposa:

1. A necessidade de companheirismo
2. A necessidade de apoio
3. A necessidade de que sua esposa seja atraente
4. A necessidade de apoio espiritual

Mesmo sendo de grande relevância a intimidade sexual no casamento, não é, certamente, a única questão importante. De fato, a parte sexual do relacionamento não pode ser o fator de maior estabilidade em seu casamento. Com o passar do tempo, sua necessidade para crescimento nessas outras áreas se tornará mais forte. Você lembra do exercício prático do dia 2? Para verdadeiramente você e seu marido tornarem-se numa só pessoa, precisarão crescer em todas as quatro áreas deste relacionamento.

Você lembra quais são estas quatro áreas?

1. _____ 3. _____

2. _____ 4. _____

No nível emocional, a maior necessidade dele é o companheirismo. Eu fiquei surpresa de aprender que o meu marido me considerava sua melhor amiga, a mais próxima. Eu fiquei surpresa porque ele geralmente não compartilha seus pensamentos mais profundos, lutas, medos, altos e baixos emocionais como minhas amigas mais próximas, então entendi que ele fazia isso com seus camaradas mais chegados.

Uma noite, durante uma discussão particularmente esquentada, ele compartilhou que eu era a sua melhor amiga e precisava que escutasse seus problemas, pensamentos e sonhos. Eu não havia entendido que quando ele estava com seus colegas, eles se juntavam em atividades - como futebol, golf, caça ou pesca - mas compartilhar pensamentos pessoais não fazia parte daquelas saídas. Enquanto eu não tinha dúvida de que o meu marido me amava de todo o seu coração, eu havia erroneamente pensado que seus amigos homens eram seus confidentes. Provavelmente, você é a melhor amiga de seu marido também. Mesmo que ele não compartilhe frequentemente os pensamentos mais profundos com você, é provavelmente mais do que compartilha com qualquer outra pessoa. Mesmo que pareça que ele passa muito mais tempo com "os caras", você precisa perceber que esse tempo é gasto em recreação ou trabalho, e não em compartilhamento de pensamentos pessoais.

Por essa razão, sempre sou cuidadosa para não planejar outras coisas para fazer durante o tempo que eu sei que o meu marido estará em casa. Eu o coloco em primeiro lugar. Se eu quero a atenção dele, preciso dar-lhe a minha. Eu conheço algumas garotas que passam horas no telefone com suas amigas, ou o tempo todo com as crianças quando o marido está em casa.

Achem coisas que vocês gostem de fazer juntos e coloquem tempo de apreciá-las na agenda. Façam planos para passar tempo juntos! Considerem isso como um compromisso firmado entre vocês. Meu marido e eu fazemos isso. Se não fizermos, as pressões e as atividades de fora tomarão todo o nosso tempo, não deixando nada um para o outro.

Outra coisa que o seu marido precisa imensamente receber é o seu apoio de esposa. Mostrar-lhe o seu apoio pode ser tão simples como provar-lhe que você está ao seu lado. Nada leva o marido a sentir-se mais abandonado do que saber que sua própria esposa está contra ele. Há diferença entre estar contra algum plano ou decisão dele, e estar contra ele como pessoa. A maneira como você demonstra que o apóia, sem qualquer sombra de dúvida, é sendo a mais encorajadora e compreensiva possível. Deixe-o saber que você confia nele e o aprecia. Diga-lhe que você o respeita mesmo quando discorda dele numa questão. Lembre-se, problemas vão e voltam, mas o seu relacionamento é permanente.

Outra maneira com a qual você pode demonstrar o seu apoio é tornar a sua casa num refúgio, num porto seguro. Ele somente precisa saber que você está ao lado dele. Lembre-se, quando você casou-se com ele, você o achava o melhor, o suficiente para escolher passar o resto de sua vida com ele. Você acreditava nele; então, acredite nele agora.

Claro, ele cometerá alguns erros. E você também! De fato, durante esses períodos, será quando ele precisará mais do seu apoio. Ao invés de criticá-lo ou desdenhá-lo, perdoe-o e leve-o em oração. Ore com ele e por ele. Você não pode imaginar o quanto isso significará para ele e o quanto a apreciará por isso. Poderá até mesmo entusiasmá-lo a lhe apoiar e em reconhecimento a este seu gesto, considerá-la mais.

Se você é uma esposa, dona de casa, você precisa demonstrar a sua consideração por seu marido, especialmente por ele estar disposto a ser o "ganha-pão" e a permitir que você se dedique ao lar.

Outra coisa que veremos hoje é a necessidade de você ser a mais atraente possível. Você não precisa ser uma super modelo para ser atraente para o seu marido. Ele também a escolheu para passar o resto da vida ao seu lado. Ele gostou da sua aparência, ou então, ele não ficaria atraído para iniciar um relacionamento. Ao contrário do que o mundo nos diz, os maridos entendem que as nossas aparências mudaram com a idade, linhas apareceram, seios caíram, e o bumbum não está tão firme, mas nós podemos ainda permanecer atraentes. Algumas esposas pensam que a beleza após o casamento não é mais tão importante. É absolutamente um equívoco! Para que ele continue sendo atraído por você, você precisa parecer atraente para ele.

A última coisa que veremos é o fato de que seu marido precisa que você seja espiritualmente forte. Ele precisará de uma esposa que ore por ele, pelos filhos dele, e que cresça espiritualmente através da Palavra de Deus. Nenhum outro livro da face da Terra pode fazer mais para tornar feliz um casamento e a vida do lar, do que a Bíblia. Ela é o manual de instrução de Deus para a raça humana.

A coisa mais poderosa que você pode fazer para ter um lar feliz e fortalecido é ser uma guerreira de oração e uma estudante da Palavra. Isso não requer um talento especial. Nenhum grau de ensino é requisitado. Não importa se você é talentosa ou bonita, gorda, magra, careca ou qualquer outra coisa!

Toda mulher consegue orar. Deus escuta as orações de uma esposa, que ora por seu marido e filhos. A oração é humildade em ação e nada trará resultados mais poderosos na vida de sua família. De fato, a falta de oração é a coisa mais egoísta e mais egocêntrica que uma esposa pode fazer. Que nenhuma de nós neste curso seja culpada disso!

Vocês tiveram uma semana ocupada, garotas! Agora eu gostaria de escrever uma pequena mensagem para os seus queridos. Se vocês acham que ele a receberá bem, então deixem que a leia. Pode ser bom para vocês dois.

Uma palavra para os sábios -
Para os maridos que têm se questionado

Nas últimas três semanas, sua esposa tem trabalhado bastante para aprender a amar você como Deus nos ensinou, através da Sua Palavra.

Muito do que nós aprendemos, temos tentado colocar em prática aí com nossos exercícios práticos diários. Tenho certeza de que você tem gostado deles, tanto quanto ela. Se for verdade, você será um homem sábio ao deixar que ela saiba disso!

Você pode estar se perguntando: "E aí? Isso durará?" O seu encorajamento a ajudará nisso. Como você pode ser um encorajador? Pergunte-lhe.

Algumas mulheres precisam ouvir as suas palavras; algumas precisam dos seus toques; algumas, dos seus auxílios; outras, de um pouquinho de tempo especial junto com você. Seja o que for, tenho certeza que você concordará que o seu encorajamento valerá a pena!

Outra maneira com que nós temos aprendido é através do compartilhamento de experiências pessoais e pelo conhecimento das mentoras em classe, que já passaram pelas mesmas lutas que a sua esposa pode estar passando agora. Somos tremendamente encorajadas quando sabemos que não somos a única mulher passando por um determinado desafio.

Por tudo, ela está tentando entendê-lo melhor e torná-lo mais feliz, um homem mais completo. Espero que você lhe mostre o seu reconhecimento. Com esse pensamento em mente, há algumas coisas sobre as mulheres, que podem ser úteis para você entender, porém, são coisas nas quais elas encontram dificuldade para se expressar.

Dicas a respeito de esposas:

√ Assim como você é atraído pela aparência dela, ela é atraída pela sua bondade.

√ Para a mulher, o sexo começa na cozinha (palavras, ações, uma mão auxiliadora). Ações e palavras frias na cozinha trazem paixões frias no quarto.

√ Você nunca terá falta no quarto se sempre expressar que não é com o quê (uma mulher), mas com quem (sua alma gêmea), você deseja fazer amor.

√ Para ela, sexo não é simplesmente um ato, é um relacionamento construído sobre a base da intimidade emocional.

√ Sexo é uma rua de duas mãos, assim como você diz a ela, mas lembre-se: tem limite de velocidade!

√ Se você deseja que sua esposa o entenda melhor, tente abrir-se e compartilhar os seus pensamentos íntimos com ela. Deixe-a ver sua paixão por seus sonhos e ambições; deixe-a ver seus medos e decepções. Deixe-a saber o quanto significa para você compartilhar essas coisas do seu coração e que precisa poder fazer isso sem ter medo da rejeição dela. Em resumo, deixe-a saber que a considera sua melhor amiga. Uma mulher sempre sente uma medida extra de misericórdia e compaixão por um melhor amigo.

√ Se você quer ver sua mulher brilhar e se sobressair na sua maneira de agradá-lo, experimente elogios genuínos. Deixe-a saber que é valiosa para você. Algumas maneiras de fazer isso são com algumas palavras (verbalmente ou em um cartão), um toque dócil ou um beijo sem quaisquer expectativas, uma flor especial dada silenciosamente somente com um abraço, alguns chocolates. Ocasionalmente, faça uma tarefa do lar sem que ela tenha pedido, consiga uma babá sem que ela saiba, leve-a para uma noite romântica, exalte-a na frente dos seus amigos ou na frente das amigas dela. Há centenas de diferentes maneiras de mostrar-lhe o seu amor! Experimente um deles e veja-a brilhar. Você ficará feliz em fazê-lo.

Semana 7
Amor de Mãe não tem Igual

Amando os seus filhos – Parte 1

Bem, a festa do casamento acabou, você volta à realidade e de repente aquele velho "desejo" entra em cena. Você sabe de qual eu falo!

O desejo profundo em sua alma pelo qual toda mulher espera. Sua melhor amiga tem um novo também! Por que não?

Quero dizer, você sempre quis um só seu. Durante toda a sua vida, você brincou com eles quando era uma garotinha e até lhes deu nomes também. Eles choravam somente quando você queria, e eles sempre dormiam tranquilamente! Quando ficava cansada de brincar com eles, tudo o que tinha que fazer era colocá-los de volta na cama e eles lá ficavam quietinhos até que estivesse pronta para brincar com eles de novo!

Do que eu estou falando? De bebês, é claro! Aquelas pequenas criaturas encantadoras que fazem você se sentir toda calorosa e felpuda por dentro! Tão dóceis e inocentes, nunca lhe dando momentos de dores de cabeça. Certo? Ele finalmente nasceu, e que barulho horrível estou escutando?

DIA 1 - MEDITAÇÃO
VOCÊ NÃO AMA OS MACAQUINHOS?

Leia Tito 2:4 e 5. Liste as várias coisas que as mulheres mais velhas devem ensinar às mais jovens:

_____
_____
_____
_____
_____
_____
_____
_____
_____
_____
_____

Já estudamos maneiras de praticar a primeira instrução dessa passagem: Ame o seu marido. Ao continuarmos a praticar o amor a nossos maridos, nós iremos para a próxima instrução, que é amar os nossos filhos.

Semana 7: Amor de Mãe não tem Igual!

Que instrução estranha! Houve somente sete áreas da vida que Deus escolheu especificamente para as mulheres mais velhas ensinarem, então, por que você acha que Deus teria incluído algo que vem naturalmente, como o amor pelos nossos filhos? Quem poderia imaginar que uma mãe precisaria de uma instrução nessa área?

Antes que nós entendamos como podemos aprender a amar os nossos filhos de acordo com a definição de Deus, precisamos ter uma compreensão clara da importância que Deus coloca na maternidade.

Leia 1 Samuel, capítulo 1, e Lucas capítulo 1, terminando em 2:1-7. Em 1 Samuel, após a sua oração de humildade e um coração quebrantado diante de Deus, para quê Ana foi escolhida? _____

Em Lucas 1, depois de anos esperando por uma criança, para quê Isabel foi escolhida? _____

Em Lucas 1, o que Maria, de tenra idade e nenhuma experiência, foi escolhida para fazer? _____

Amar seus filhos...algo natural!

Ana, Isabel e Maria foram todas escolhidas pelo Senhor para serem as mães de (respectivamente):

O profeta Samuel, que seria usado por Deus para estabelecer o reinado em Israel, que testificaria do reinado vindouro de Jesus.

João Batista, que seria o precursor de Jesus, anunciando que o Seu reino estava iminente.

Jesus, o Messias, o Filho Unigênito do Deus Vivo, que viria para salvar toda a raça humana da separação eterna de Seu Pai.

Se você é mãe, está consciente que também foi escolhida para ensinar os seus filhos a testificarem de Jesus e do Seu reino? Você foi escolhida por causa da vontade de Deus para você, não por causa de seus atributos (ou falta deles). Deus mesmo a designou e lhe deu o propósito específico de amar, moldar, e ensinar seus filhos queridos a servi-Lo e falar a outros sobre Ele. Ao amá-los da forma que Deus a designou, você está mostrando que Deus é real; o amor Dele é real; a Palavra Dele é verdadeira e Ele verdadeiramente se preocupa com eles. Sua obediência em amá-los à maneira de Deus é a prova para eles da existência de Deus.

A maternidade é uma tarefa muito especial, uma posição de monumental importância. Sabendo disso, há alguma dúvida de que Deus nos ordenou a amar os nossos filhos? É uma responsabilidade tão incrivelmente importante, que Ele não quis deixar dúvida alguma!

Essa diretriz, vinda direta do coração de Deus, deixa-a tremendo em suas pernas? O Pai não pretende que nós tenhamos um espírito de medo. Se apenas pedirmos, Ele sempre nos dará o que for necessário para realizarmos o Seu chamado.

Como é que Deus deseja que cumpramos as Suas instruções?

Não tenha medo! Amanhã começaremos a nossa jornada para realmente entendermos como amar os nossos filhos.

Semana 7: Amor de Mãe não tem Igual!

DIA 1 - EXERCÍCIO PRÁTICO

Escreva a sua oração pedindo a Deus que lhe mostre verdades espirituais e aplicações práticas que você nunca tenha visto antes. Peça-Lhe para mostrar a você o quê precisa ser mudado em suas atitudes e comportamentos, para que você seja usada grande e poderosamente ao criar seus filhos para servir ao Senhor.

Se você é avó, ore e peça ao Senhor para mostrar-lhe maneiras como você pode apoiar os seus filhos na educação dos seus netos como Deus quer que eles façam. Avós podem ser uma influência tremenda na vida dos netos.

_____
_____
_____
_____
_____
_____
_____
_____
_____
_____

DIA 2 - MEDITAÇÃO
COMO AMAR OS MACAQUINHOS - DEFINIÇÃO

Descobrimos ontem que ser mãe é uma chamada extremamente importante. Já foi dito que "A mão que balança o berço, governa o mundo". Portanto, precisamos desesperadamente ter a perspectiva de Deus enraizada profundamente em nossos corações e mentes!

Uma vez mais, leia Tito 2:4-5. A segunda admoestação nesses versículos é para que as mães amem os seus filhos. A palavra grega traduzida aqui como amor é *philoteknos*, e literalmente significa "amor maternal, nutrido".

Qual é o seu entendimento do que significa nutrir o amor por alguém?

Quando estávamos aprendendo a amar os nossos maridos, nós aprendemos sobre o amor *philandros*, ou amor afetivo, que também inclui a predeterminação de que devemos nutrí-los. A definição bíblica para nutrir é "aquecer ou manter quente". Metaforicamente, significa nutrir com amor e carinho, encorajar com cuidado e carinho. Naturalmente, nós temos afeição carinhosa por nossos filhos, mas essa definição também inclui a necessidade de demonstrar esse amor cuidando das necessidades deles. Nós não devemos tão somente cuidar das necessidades de nossos filhos, mas também fazermos isso com uma atitude de carinho para que eles saibam, sem dúvida, que nós os amamos.

Deus nos fez criaturas complexas. Nós somos únicas de muitas maneiras, mas há uma área na qual somos todas iguais. Toda pessoa tem uma tremenda necessidade de ser amada pelos seus pais. O amor de nossa mãe é a essência da nossa autoestima como filhos. Quando uma criança não se sente amada por sua mãe ou pai, isso sempre causa deterioração da auto-estima.

Subconscientemente, nós sentimos que se nossa mãe ou pai não nos ama, quem o fará? Consequentemente, é essencial que nos certifiquemos de que nossos filhos saibam, sem sombra de dúvida, que nós os amamos.

Como podemos lhes assegurar isto? Como podemos transmitir nosso profundo e cuidadoso amor? Nos próximos dias, aprenderemos sobre os atributos bíblicos do amor maternal.

Você perceberá que uma mãe das Escrituras será seu modelo todos os dias. Em cada dia, no exercício prático, seremos envolvidas em um estudo de aplicação prática das cinco linguagens do amor, ensinadas por Gary Chapman em seu livro As Cinco Linguagens de Amor das Crianças.

Antes de podermos absorver o ensinamento de Deus em relação ao amor para com os nossos filhos, devemos primeiro recorrer a uma questão muito importante. Como declarei acima, 100% de nós temos uma coisa em comum, que é a necessidade de sabermos com certeza que nós somos amadas pelos nossos pais. De acordo com o Sr. Chapman, muitos adultos olham para trás e em suas mentes sabiam que eram amados, mas não se sentiram amados pelos pais. Se isto não for tratado, essa questão pode impedir uma pessoa de cuidar de seus filhos. Portanto, vamos enfrentar esta questão de frente, antes de prosseguirmos em nosso estudo. Pense em tempos atrás, quando você era criança.

Sua mãe a amava? _____ Seu pai a amava? _____ Por que você respondeu sim ou não? Em outras palavras, quais foram as atitudes de sua mãe e de seu pai que a levaram a sentir-se assim?

Mãe: _____
_____

Pai: _____
_____

DIA 2 - EXERCÍCIO PRÁTICO

Essa tarefa pode ser um pouco difícil para algumas de vocês, mas eu prometo, que Deus irá escutá-la e ajudá-la, se você continuar lendo e estudando as lições desta semana.

Como adulta você tem alguns sentimentos de desvalorização devido ao fato de não sentir-se amada por um ou ambos os seus pais? Se sim, descreva como e porquê: _____
_____
_____

Pode ser difícil, mas....

Se esse exercício abriu uma ferida que você tem tentado há muito tempo esquecer, perceba que nunca conseguirá seguir em frente em paz, até que seja capaz de enfrentá-la, entendê-la e perdoá-la. Então poderá verdadeiramente pedir a Deus que tire isso de você e cure a ferida e a dor que essas lembranças têm causado.

Você nunca será capaz de seguir em frente e ser a mãe que deseja ser até que tenha lidado com o passado. Por que não orar agora e confessar a Deus que você libera perdão ao seu pai (ou mãe) que consciente ou inconscientemente levou-a a sentir-se não amada? Abrigar a falta de perdão servirá apenas para corroer a sua alma e frustrá-la em seu progresso como mãe. A falta de perdão permitirá que a dor continue, mas o perdão liberará a mão saradora de Deus em sua vida e permitirá que siga em frente. Quem sabe, com esse novo conhecimento que adquirirá nos próximos dias, você possa descobrir que seus pais simplesmente não sabiam como demonstrar o amor de uma maneira que você pudesse entender? É possível!

Tempo de oração: Escreva sua oração a Deus.

_____
_____
_____
_____
_____
_____
_____

DIA 3 - MEDITAÇÃO
UM MODELO BÍBLICO DE COMO AMAR NOSSOS FILHOS

Leia Êxodo 1:17-22 e 2:1-10. A mãe de Moisés, Joquebede, foi uma mãe _____. O verso 2:2, diz que ela desafiou a autoridade governamental e com fé em Deus, escondeu o bebê para proteger a sua vida. Mesmo significando uma possível morte para ela, se fosse descoberta, ela sabia que o risco valia a pena. Uma mãe amorosa sempre será uma mãe protetora.

Joquebede estava na pior posição possível para uma mãe. Ela morava em um país que havia escravizado o seu povo. Mesmo debaixo da escravidão, a população judaica multiplicou-se a ponto dos egípcios ficarem amedrontados com seu grande número e ordenarem medidas cruéis para mantê-los sob controle.

O que o Faraó ordenou que as parteiras fizessem? _____
_____

As parteiras judias se preocupavam mais com a lei de Deus do que com a lei de Faraó, e fizeram o quê? _____

Faraó encheu-se de raiva delas e decretou uma lei ordenando a _____ de todos os bebês meninos (Êxodo 1:22).

Tente imaginar-se na posição dela. Você consegue imaginar o horror de ter um menino recém-nascido ou de estar grávida, sabendo que o governo matará seu filho no nascimento se for um garoto? O que você faria?

A punição por desobedecer a um mandado direto do rei era a morte. Qualquer uma pega tentando esconder seu filho, seria levada à morte. Mas Joquebede não podia pensar apenas nela mesma e em seu bebê. Ela tinha filhos mais velhos, e perder a vida significaria que esses teriam que crescer sem uma mãe que os educasse e cuidasse deles.

Que mulher corajosa! Que fé ela tinha! Perceba que este fato é a única menção desta mulher fiel e corajosa, e mesmo assim, os frutos das suas ações permaneceram por toda a história! Lembre-se da declaração que fiz anteriormente - "A mão que balança o berço, governa o mundo"? Verdadeiramente, a mão de Joquebede teve um enorme impacto em nosso mundo, até aos dias de hoje! Deus verdadeiramente recompensou a sua determinação de salvar o filho!

Por desígnio divino, uma das únicas pessoas que tinham o poder de salvar a vida de Moisés, o achou. Deus permitiu que um amor tomasse conta do coração da filha do Faraó para que ela o protegesse da lei e salvasse-lhe a vida! Sem ela saber, foi usada por Deus para salvar a vida daquela criança! Não somente isso, mas também, sem saber, o mandou de volta à própria mãe, chamando-a para ser a ama-de-leite e cuidar dele até que desmamasse.

Que Deus maravilhoso nós servimos! Ele escutou a oração dessa mãe para que seu filho fosse salvo e moveu-se de maneira sobrenatural para que a oração dela fosse respondida!

Talvez tenha sido devido à sua oração, com um coração cheio de fé, que Deus escolheu o filho dela para ser o líder que enfrentaria Faraó, e diria: DEIXE O MEU POVO IR!

Joquebede foi uma mãe protetora e fiel, assim Deus a abençoou, bem como ao seu filho, e também a uma nação inteira por causa disso!

DIA 3 - EXERCÍCIO PRÁTICO

E aí? Você é uma mãe de fé, disposta a confiar a Deus a vida de seu filho?

Deus tinha um plano para Joquebede, para o seu filho e para uma nação inteira. Mesmo tendo a vida do seu filho ameaçada, ela demonstrou a sua fé em Deus e deu liberdade para que Ele efetuasse o Seu plano em suas vidas! Ela poderia ter escolhido lamentar-se e chorar angustiada pela situação dolorosa. Ao invés disso, ela virou-se para Deus com fé e esperou Nele a reposta que salvaria o seu filho!

Oh, e como Ele respondeu! Mal ela sabia que o plano de Deus para o resgate de seu filho Moisés era muito maior que o dela!

Deus, mais uma vez, provou-se fiel nas vidas de Joquebede e Moisés. Ele anela provar-se fiel na sua vida e na de seu marido e filhos, se você der liberdade para que Ele trabalhe de acordo com o Seu propósito.

Você tem fé suficiente em Deus para entender que o plano Dele é o melhor para seu filho, mesmo que não o entenda nesse momento? Pense sobre isso por alguns minutos e escreva sua oração sincera a Deus, a respeito dessa questão. Lembre-se: Deus já conhece o seu coração, então não adianta tentar enganá-Lo! Mas peça que Ele a ajude a crescer nessa área!

DIA 4 - MEDITAÇÃO
AMAR SEUS FILHOS - PARTE 1

Leia 1 Coríntios, capítulo 13. Na semana 4, estudamos este capítulo sobre o amor. Deus deixa a Sua descrição sobre o amor bem claro!

Como fizemos antes, liste abaixo aquelas ações que descrevem o que o amor é: _____
_____
_____

Agora, descreva o que o amor não é: _____
_____
_____
_____
_____

O que você acha que acontecerá com nossos filhos, se nossas ações diárias refletirem as coisas que a Bíblia diz que o amor não é: _____
_____
_____

Obviamente, se nossas ações não refletem consistentemente o amor, nossos filhos não se sentirão amados e consequentemente, entenderão menos ainda sobre o amor de Deus por eles. Se não se sentirem amados, a raiva, a inferioridade ou a insegurança os levará a se abrirem com qualquer pessoa que os faça sentirem este amor. Isso pode levá-los ao desastre, pois infelizmente, este "alguém" é muitas vezes controlado pelo inimigo e não somente arrastará nosso filho para longe de nós, como também o arrastará para longe de Deus.

Preciso interromper por um minuto todo esse conselho prático sobre como demonstrar amor aos nossos filhos, porque creio que podemos fazer tudo o que foi mencionado nas semanas 7 e 8, e ainda perdermos nossos filhos para o oposto de tudo o que cremos. Veja você, podemos "fazer tudo" à risca e ainda assim vê-los entrar naquele caminho horrível de destruição, que todo pai ou mãe teme. Há um ingrediente que, se deixado de fora, causará queda certa. Este ingrediente é a oração, e estou falando da oração feita de todo coração, quando buscamos o Pai em nome de Jesus Cristo, em favor dos nossos filhos, e nunca desistindo, não importa o quão mal se torne, ou quão profundo nossos filhos possam cair.

Quando somos negligentes nas orações, estamos simplesmente dizendo a Deus que não precisamos da ajuda Dele. Estamos dizendo-lhe que podemos educar os nossos filhos sozinhos. Estou aqui para dizer-lhes que não conseguimos. Nada. De jeito nenhum. Não funcionará. Eu sei sobre o que estou falando.

Mesmo que pudéssemos vivenciar o fruto do Espírito todos os dias em nossas próprias vidas, não seria o mesmo na vida de nossos filhos. Devemos entender que é o Pai quem produz os frutos na vida deles, e não nós. Ele é o único que pode mudar seus corações, mentes e ações, e minha amiga, mudança de coração é a única mudança permanente na vida de alguém.

Podemos ir à igreja e levar os nossos filhos conosco todas as vezes que as portas estiverem abertas, e tudo o que faremos será mantê-los ocupados, a menos que oremos diligentemente a respeito. Por que muitas vezes vamos à igreja, clamamos aos nossos amigos por conselho e procuramos por qualquer livro disponível que nos ajudará com nossos dilemas? Não deveríamos ir à igreja para nos prostrar no altar de Deus e clamar ao Único que pode fazer a diferença? Livros são bons e podem ajudar, mas o único livro que tem todas as respostas é o Livro Dele. Colocar em prática a Palavra de Deus e orações fervorosas não são os últimos recursos: são os únicos recursos. Oh! Se os pais pudessem entender isso, enquanto há tempo!

Oração é admitirmos que Deus pode fazer mais do que nós. Oração intercessória é a ferramenta mais poderosa que temos no mundo e a única que pode mudar nossos filhos de dentro para fora. Os intercessores buscam o trono do Todo Poderoso para intervir na vida deles no nível mais básico. Sem oração, nossos esforços serão em vão. Com oração, Deus pode e usará nossa obediência à Palavra para tocar na vida dos nossos filhos. Não significa que nunca teremos problemas, mas significa que Ele sempre nos escutará quando os levarmos a Ele.

Nunca achei uma passagem bíblica onde Deus tenha recusado a oração de uma mãe pela salvação do seu filho, um apelo levado ao Pai para trazer aquele filho para Ele. Eu mesma tenho pesquisado e perguntado a outros mais qualificados que eu, e até agora só descobri uma única vez em que Deus disse "não" à oração de uma mãe por seu filho. Aquela vez em que a mãe de Tiago e João pediu a Jesus que seus filhos se sentassem um à Sua esquerda e o outro à Sua direita quando Ele entrasse no Reino dos céus. A oração dela foi enraizada em orgulho porque ela se preocupava com prestígio e posição e não com os corações dos seus filhos. Mas veja como Ele respondeu a oração de Joquebede e de outras, sobre as quais você lerá a respeito nos próximos dias!

E Ele certamente respondeu as minhas, há mais de dez anos.

Tom e eu havíamos levado nossos filhos à igreja durante toda a vida deles. Nós lhes ensinávamos o caminho e a Palavra de Deus da melhor maneira que podíamos. Mesmo falhando algumas vezes, nós tentávamos viver uma vida de perseverança e fé na frente deles e orávamos por eles desde quando eram pequeninos até crescerem. Eu tinha certeza que meus filhos nunca se envolveriam em coisas que outras crianças faziam ou seriam enganados por armadilhas que nós os tínhamos alertado. Eu tinha certeza de que eles eram diferentes por causa de todas as coisas "certas" que havíamos feito para criá-los.

Errado. Assim como a mamãe e o papai deles, eles escolheram aprender algumas coisas da forma mais difícil. Foram enganados na crença de que papai e mamãe eram da moda antiga em alguns pontos. Eles entenderam que podiam seguir à maneira deles e ainda serem bons cristãos. Cometeram seus próprios erros. Um de nossos filhos em especial poderia ter sido destruído pelas escolhas erradas, mas Deus foi fiel! Permita-me repetir - Deus foi Fiel, com a letra "F" maiúscula!

Por cinco anos, clamamos ao Senhor por ele. Verdade, algumas vezes, eu me perguntava se Deus estava realmente me escutando. Eu me questionava se a mão Dele estava trabalhando. Louvado seja Deus, pois a mão Dele estava trabalhando, sim! Eu não tenho tempo de lhes contar a história inteira aqui; na verdade este é outro livro em desenvolvimento. Mas vou lhes dizer o final. Após cinco anos de derrota, Deus trouxe a vitória. Hoje esse filho está servindo ao Senhor bem ao nosso lado. Todos os nossos três filhos amam ao Senhor e estão ensinando seus próprios filhos de acordo com a Palavra de Deus. Deus é bom, fiel e nosso socorro bem presente no tempo da angústia! Confie seus filhos a Ele, porque Ele nunca a decepcionará.

Semana 7: Amor de Mãe não tem Igual!

DIA 4 - EXERCÍCIO PRÁTICO

Nota da autora: Recomendo que você compre o livro As Cinco Linguagens de Amor das Crianças, do Dr. Gary Chapman, para essa parte de nosso estudo. Será um bom livro de referência a ser acrescentado à sua biblioteca e relata ano-a-ano. Não é imprescindível, mas os pais o acharão bem útil.

No dia 2 desta semana, confrontamos nossos sentimentos a respeito do amor de nossos pais, e como este impactou nossas vidas. Para algumas de vocês, este foi um exercício divertido. Para outras, foi muito difícil. Eu espero que a lição de hoje a ajude a lidar positivamente com os seus sentimentos e permita-lhe ir em frente no cuidado com os seus próprios filhos.

Em seu livro, As Cinco Linguagens de Amor das Crianças, Gary Chapman lista 5 maneiras nas quais as pessoas interpretam o amor. Ele chama essas 5 áreas de "linguagens de amor". São elas:

1) Toque físico;
2) Palavras de afirmação;
3) Tempo de qualidade;
4) Presentes;
5) Atos de servir.

Baseada na tarefa do dia 2, ao descrever as razões de sentir-se amada pela sua mãe, sua descrição incluía uma ou mais dessas linguagens de amor? Quais delas? _____

_____

Se você não se sentiu amada por ela, a sua descrição de "Por que não" incluía uma dessas 5 linguagens de amor? Quais delas? _____

_____

Escreva 2 linguagens que, na sua opinião, descrevem melhor o amor:
   1. _____   2. _____

Você pode ver uma ligação direta entre a descrição do amor (ou desamor) de seus pais e suas duas escolhas? Coloque as cinco linguagens de amor em ordem de importância para você.

   1._____   4._____
   2._____   5._____
   3._____

Por termos uma linguagem de amor predominante, nós muitas vezes nos sentimos ou muito amadas e aceitas, ou não amadas e não aceitas, baseadas no fato de nossa mãe haver usado ou não a nossa linguagem de amor prioritária para conosco. Não importa o quanto ela realmente nos amou, nós podemos nos sentir incertas sobre isso, se essa demonstração de amor foi diferente da nossa linguagem prioritária de amor.

Por exemplo: Se você é uma pessoa que precisa de palavras de amor e afirmação para sentir-se amada, é possível que não tenha se sentido amada por sua mãe por ela sempre a ter criticado, mesmo ela tendo lhe demonstrado amor em todas as outras quatro linguagens! Mesmo se sua mãe fosse dedicada em fazer coisas para você, frequentemente a acariciasse, lhe desse tudo o que precisava e passasse tempo com você, é bem possível - e muito provável - que você não tenha se sentido amada porque ela não conseguiu comunicar-lhe tudo isso, na sua linguagem de amor.

Muitas vezes, uma pessoa pode saber que é amada, mas não se sentir assim! Se você mesma conseguir entender isso, será capaz de se livrar de muita dor e confusão que você pode ter carregado por anos!

Nós voltaremos ao estudo das cinco linguagens de amor em alguns dias. Por ora, o conhecimento da existência delas pode ajudar-nos a entender que às vezes podemos não nos sentir amadas por um pai, mesmo que o nosso intelecto nos diga o contrário!

Eu espero que, depois de compreender mais sobre a sua própria linguagem de amor, você será mais capaz de entender seu relacionamento com os seus pais. Certamente me auxiliou! Minha mãe me amou tanto quanto uma mãe poderia amar e eu não tenho dúvida de que ela faria qualquer coisa para proteger-me, incluindo arriscar a sua própria vida! Infelizmente, mesmo tendo a consciência disso, muitas vezes eu não senti o seu amor.

Veja você: minha linguagem de amor prioritária, são palavras de afirmação. A coisa mais difícil do mundo para minha mãe era oferecer amor através de palavras de afirmação. Ela provavelmente disse as palavras "eu te amo" todos os dias, mas não usou palavras positivas para encorajar-me a realizar o meu melhor. Conforme o exemplo dos seus pais, ela usou palavras de crítica e ridicularizarão para me corrigir, por muito tempo e muitas vezes. Eu interpretava aquilo como falta de amor ao invés de uma ferramenta de ensino como ela pretendia que fosse.

Nós devemos entender que a teoria das linguagens de amor só surgiu para esclarecer nos últimos anos. Nossos pais não tinham esse conhecimento e então eles demonstravam o amor da melhor maneira que sabiam. Usando a minha situação como exemplo, essa falta de entendimento já levou você a não se sentir amada, mesmo tendo consciência de que era?

Se sim, escreva a sua oração a Deus e peço-lhe que cure sua mente de uma vez por todas.

_____
_____
_____
_____
_____
_____
_____
_____
_____
_____

Aceite o fato de que sua mãe realmente não quis prejudica-la, porem, simplesmente não entendia a sua linguagem prioritária de amor.

DIA 5 - MEDITAÇÃO
AMAR SEUS FILHOS - PARTE 2

Já começamos a aprender sobre os atributos de uma mãe amorosa. Joquebede foi nosso primeiro modelo de mãe que fielmente buscou proteção para livrar o seu filho das mãos do cruel Faraó. Hoje aprenderemos sobre outra mãe amorosa que demonstra o significado de fidelidade em serviço.

Leia 2 Reis 4:8-37. Essa passagem nos conta sobre uma mulher sunamita que foi dedicada ao Senhor e serviu ao profeta Eliseu, fazendo-lhe um quarto para que nele ficasse a qualquer momento que viesse para aquela região. Através da hospitalidade, ela serviu a Deus e ao servo Dele pela motivação pura do amor, sem esperar nada em troca.

Um dia, enquanto Eliseu estava na cama que ela tinha preparado para ele, descansando e pensando, ele repentinamente se perguntou o que poderia fazer por essa mulher e seu marido, em retribuição à bondade deles. Ele a chamou e perguntou o que poderia fazer por ela: O que ele ofereceu?

_____

Qual foi a resposta dela? _____

Aqui, essa sunamita certamente provou que o serviço dela a Deus era por amor, não pelo que ela poderia receber em troca! Quando ele sugeriu trazê-la diante do rei e do seu comandante para honrarias e recompensas, ela respondeu que tinha tudo o que precisava entre o seu próprio povo! Que atitude de serviço! Ela havia dado o seu serviço a Deus e a Eliseu, gratuitamente, sem nenhuma outra intenção!

Depois, quando Eliseu estava de volta ao seu apartamento com Geazi, seu servo, perguntou-lhe se sabia de alguma coisa que pudesse ser feita para honrar aquela mulher leal e dedicada, que havia tão graciosamente lhe oferecido um lar e hospitalidade. Geazi disse-lhe que o casal sunamita não pudera ter filhos. Ela havia provavelmente orado por um filho durante anos e com o coração quebrantado, clamado a Deus por isso.

Mesmo assim, sempre que o homem de Deus vinha à sua casa, ela o servia de coração e não se lamentava sobre sua situação nem lhe pedia para buscar a Deus em seu favor. De fato, ela nunca nem mesmo mencionou isso a Eliseu, mas é claro que Deus sabia que o desejo de seu coração era ter um filho.

Com fé, Eliseu pediu que Geazi a chamasse novamente enquanto ele ficava em pé na porta de entrada, e profetizou que ela ficaria grávida no seu próximo período fértil. Ele disse que ela teria um filho dentro de um ano. Ela mal podia crer no que ouvia!

A única resposta dela foi: "Não minta para mim, Eliseu!" Parafraseando, o que ela quis dizer, era: "Não minta para mim sobre algo tão importante! Não aguentaria! Não prometa algo, se não irá acontecer!"

Você alguma vez já quis tanto algo, que quando aconteceu, você teve medo de acreditar? Bem, obviamente o maior desejo dela aconteceu! O versículo 17 diz que ela teve um filho naquele período (dentro de um ano)!

Deus é tão bom! Mais uma vez nós vemos que Ele vê o desejo dos nossos corações e responde aos Seus servos leais!

Uma atitude de serviço altruísta é absolutamente necessária para se tornar uma boa e amorosa mãe. Deus viu essa atitude na vida dessa mulher, mesmo antes que ela se tornasse mãe! Ele sabia que ela seria uma mãe cheia de fé, que amaria o seu filho e cuidaria dele todos os seus dias!

É interessante também notar que o nome da mulher sunamita nem mesmo é mencionado nessa passagem. Muitas mulheres se ofenderiam com a omissão do nome delas, mas o motivo puro e sincero dessa mulher em servir não foi manchado pelo desejo de glória. Eu creio que Deus preferiu exaltar a atitude de uma vida inteira dedicada a servir, engrandecendo o serviço dela mais do que o seu nome.

Em sua vida de serviço, você preferiria ter o seu nome ou o seu serviço exaltado?
_____

DIA 5 - EXERCÍCIO PRÁTICO

A sunamita lhe ensinou algo sobre a atitude de serviço de uma mãe? Você lembra do segundo dia quando aprendemos a cuidar de nossos filhos com amor e com a atitude certa?

Aqui, esta mulher amorosa é um modelo de mãe que serve a Deus e ao homem de todo o seu coração, sem esperar nada em troca. É assim que nós devemos servir às nossas famílias. Às vezes você acha difícil servir à sua família, especialmente aos seus filhos, todos os dias, com atitudes de bondade e sem restrições? A maioria das mulheres lutam nessa área; você é uma delas?

Comece a sua tarefa com uma oração a Deus pedindo-Lhe que revele uma atitude ou ação que Ele gostaria de trabalhar em você.

Descreva a sua atitude de serviço num dia normal e depois liste em que você sente que Deus gostaria que você melhorasse:
_____
_____
_____
_____
_____
_____
_____
_____
_____
_____
_____
_____
_____
_____

Semana 8
A Linguagem de Amor que o seu Filho vai Entender

Amando os seus filhos – Parte 2

Você alguma vez se perguntou: "Quem está treinando quem?" Você alguma vez já se sentiu como uma domadora de leões que, ao ver os pequenos filhotes olhando para você, só podia pensar: "Corra!"?

Neste mundo saturado de especialistas em educação infantil (que não têm filhos), nós certamente parecemos ter um suplemento abundante de malcriados, mimados, indisciplinados, lamentadores e pequenos tiranos correndo ao nosso redor!

Eu já posso escutá-la agora: "Aaaah! Como você pode falar isso? Que cruel! Você não deve amar crianças! Você deve ser um ogro de mãe para seus garotos! Acho que você não fica muito rodeada de crianças, fica? Você suporta o barulho?"

A verdade é que eu absolutamente adoro crianças! Nossos filhos nos têm dado uma alegria incrível no decorrer dos anos. Agora eles nos deram seis lindos (absolutamente perfeitos, se eu mesma puder dizer!) netos, quatro garotos e duas garotas. Levou trinta e um anos para que a nossa família pudesse ter uma menina e eu posso garantir que essas duas não sentem nenhuma falta de atenção, vestidos enfeitados, e muitos sapatos. É claro que os garotos têm as suas cotas de futebol e luta livre. Tom e eu descobrimos que netos são 100% pura alegria!

Tom brinca dizendo que os netos são uma maravilhosa recompensa de Deus por não termos matado os nossos filhos! Eles são uma alegria incrível e o que eu mais amo é poder abraçá-los, cuidar deles, limpar a bagunça que fazem, jogar beisebol e brincar de boneca. "O dia de sair com a vovó" é provavelmente um dia de maior satisfação para mim do que para eles. Somos abençoados em tê-los morando cerca de 10km de nós e às vezes Tom e eu os empilhamos no carro e saímos para alguma aventura. Sandy, nossa cachorrinha dourada vai conosco no espaço adjunto. As pessoas pensam que somos loucos; nós dizemos que somos abençoados.

Mas eu, como a maioria das pessoas, tenho a tendência de achar que meus filhos (e meus netos) não são tão ruins quanto os dos outros. Os meus não eram lamentadores, malcriados, mimados ou indisciplinados! E eles não eram pequenos tiranos! Bem, talvez um pouquinho! Não levo em conta que os vizinhos tinham que correr para trancar suas portas quando nos viam chegar.

Veja você, Deus em Sua infinita sabedoria deu aos pais (e aos avós) uma medida extra de misericórdia, ao lidarem com os seus próprios filhos (e netos). Por causa dessa misericórdia extra o pai provavelmente não sentenciará o seu filho com título de delinquente juvenil eterno por fazer ameaça de sangue à sua irmã menor do outro lado da mesa ou lançar uma sentença de morte a um garotinho que escondeu um sapinho num pudim de pistache.

Crianças serão crianças, não importa filhos de quem elas sejam. Nosso trabalho como pais é fazê-los passar de um comportamento infantil para um comportamento maduro e adulto, sem deixar o espírito deles em pedacinhos.

É um trabalho possível de ser realizado, ou Deus nunca nos teria dado essa tarefa; de qualquer forma, nós devemos fazer à maneira Dele! Como pais, nossa fé em Deus, nossa obediência à Palavra Dele, e a nossa vida ativa de oração nos assegura que no final, nossos filhos darão certo!

Muitas vezes sentimos que somos completos fracassos como pais, porque nossos filhos falharam ao viver e fazer como nós instruímos. Eu sei, porque me senti um absoluto fracasso como mãe. Quando eles eram bebês e eu me sentia inadequada para controlar o comportamento deles, eu me sentia sem forças e arrasada pelo que um garoto de dois anos pudesse fazer de mim. Quando eles estavam na escola primária e começavam as suas brincadeiras, ou simplesmente ignoravam as minhas instruções, eu me sentia frustrada e zangada de pensar como eles podiam tratar a própria mãe daquela forma! Especialmente quando os meus filhos estavam passando pelas dificuldades dos anos da adolescência, eu ficava em lágrimas por um minuto, mas com muita raiva no próximo, e em seguida me sentia totalmente inútil!

Todas as vezes que eles fracassavam em uma área que pensava tê-los ensinado bem, eu me sentia como se os tivesse decepcionado. Sentia-me totalmente responsável pelas atitudes erradas deles. Houve momentos em que tomei o fracasso deles como falha minha porque, ou eu não tinha ensinado como deveria, ou eu havia fracassado por não viver diante deles o exemplo daquilo que havia ensinado.

Porém, houve momentos em que o fracasso pertencia somente a eles. Eles simplesmente não aderiram aos ensinamentos que lhes foram dados por palavras e ações.

Seria uma surpresa para você se descobrisse que mesmo Deus sendo um Pai perfeito, Seus filhos não são tão perfeitos?

Nesta semana, nós olharemos muitos fatos necessários sobre educação infantil, que a ajudará profundamente enquanto você busca educar aqueles pequeninos de acordo com os caminhos de Deus.

Você pode não concordar com tudo que será ensinado nesta lição. Eu apenas peço que você compare o que é ensinado aqui, com o que a Palavra de Deus ensina. Como já disse, se algo que eu disser for contrário à Sua Palavra escrita, então estou errada. Porém, se o que eu estou dizendo está de acordo com a Palavra, então o ensinamento está correto, concordando alguém, ou não.

Deixe Deus com a Sua Palavra ser a Autoridade, permita-Lhe mudar a sua mente em áreas que você quer discordar, porque os caminhos Dele nunca a decepcionarão. Ou, mais importante do que isto, os caminhos Dele jamais deixarão os seus filhos decepcionados. Em tempo nenhum!

A primeira coisa e a mais importante que uma mãe deve fazer é ter fé! Sem fé, é impossível criar filhos com a consciência tranquila por saber que mais cedo ou mais tarde, tudo dará certo porque Deus está no controle!

Semana 8: A Linguagem de Amor que o seu Filho vai Entender

DIA 1 - MEDITAÇÃO
A MULHER SUNAMITA; UM EXEMPLO DE FÉ
PERSONIFICADA - PARTE 1

Leia 2 Reis 4:8-37. Na semana passada, terminamos nosso estudo examinando o papel modelo da mulher sunamita, que serviu ao profeta Eliseu com o seu dom de servir através da hospitalidade.

O desejo do coração dela era ter um filho, mesmo assim ela não ofereceu o seu serviço em troca de ter sua oração respondida. Ao invés disso, ela serviu diligentemente e amorosamente sem nunca sequer mencionar o desejo de seu coração a Eliseu.

Eliseu queria recompensá-la abertamente diante do rei e de seu exército, porém ela abriu mão da oferta. Ao invés disso, ela escolheu permanecer nos bastidores e servir ao seu Senhor através de Seu servo, Eliseu, discretamente sem fanfarra. Ele descobriu que ela não podia ter filhos, e buscou a intervenção de Deus.

O que Eliseu pediu a favor dela? _____

Deus respondeu a Eliseu? _____

O que Ele disse a Eliseu que aconteceria com a sunamita por causa da fidelidade dela e do serviço ao Seu profeta? _____

O que Eliseu fez após ter orado a favor dela? _____

Quando orou, não guardou a resposta de Deus para si, mas contou-lhe exatamente o que ele tinha orado e o que ela deveria esperar em resposta.

O que deu a Eliseu a confiança de contar a ela a resposta de Deus?
_____

A fé de Eliseu era certa e segura, pois tinha certeza de que Deus responderia. Perceba que a dúvida não o manteve quieto sobre o que ele sabia que era a resposta de Deus. Alguma vez você se sentiu certa de que Deus estava lhe dando uma promessa direta em resposta a uma oração, mas você ficou com medo de compartilhar a alguém por receio de ter escutado errado?
_____
_____

Quando Eliseu contou a ela sobre a oração dele e a resposta de Deus, qual foi a reação dela? _____

Ele prometeu a ela que uma criança nasceria dentro de um ano. Que versículo confirma que o profeta Eliseu havia de fato dito a verdade a ela?
_____

Você consegue pensar em alguma ocasião quando o Senhor respondeu uma oração sua, mesmo sendo algo que todos duvidaram que aconteceria?
_____
_____

Você se lembra de alguma vez quando a única explicação para algo ter acontecido foi pelo fato de ter acontecido através de Deus?
_____
_____
_____

DIA 1 - EXERCÍCIO PRÁTICO
DESCOBRINDO A LINGUAGEM DE AMOR DE SEU FILHO

Acompanhe seu livro As Cinco Linguagens de Amor das Crianças, de Gary Chapman e Ross Campbell.

Na semana passada, começamos um estudo sobre as cinco linguagens do amor, e como elas poderiam nos auxiliar a melhor expressar amor. Esta semana, determinaremos as linguagens específicas de amor de nossos filhos e outros que amamos. Com o propósito de revisão, as 5 linguagens de amor são: Toque, Palavras de Afirmação, Tempo de Qualidade, Presentes e Atos de Serviço.

Eu sinceramente espero que você tenha compartilhado o nosso estudo da linguagem do amor com seu marido, e que ele também tenha compartilhado com você sua linguagem primária. Achar a linguagem de seus filhos pode não ser fácil. De fato, Gary Chapman sugere que você não pergunte a seus filhos ou nem mesmo comente com eles sobre o seu interesse. Devido ao egoísmo natural das crianças, eles poderiam manipular você para satisfazer seus desejos momentâneos. Ele sugere a utilização do seguinte procedimento para determinar qual a linguagem de amor deles:

1. <u>Observe como seu filho expressa amor a você</u>. Muitas vezes as crianças mostram amor da mesma maneira que o recebem. Por exemplo, se seu filho diz muitas vezes "Eu amo você por fazer essas bolachas, mamãe", ele pode precisar de palavras de afirmação suas. Se ele voluntariamente varrer o chão porque a ama, então, pode sentir-se amado quando atos de serviço lhe são mostradas.

2. <u>Observe como seu filho demonstra amor aos outros</u>. Se ele muitas vezes abraça e beija seus irmãos, irmãs, tias, avós, etc., sem que seja pedido, ele provavelmente precisa do toque como confirmação de amor.

3. <u>Escute o que seu filho pede com mais regularidade</u>. Se seu filho lhe implora para levá-lo ao parque para uma caminhada, ou frequentemente lhe pede que sente e brinque, ele provavelmente precisa de tempo de qualidade para completar suas necessidades emocionais. Se ele diz regularmente: "Viu o que eu fiz?", está pedindo palavras de afirmação. Se ele diz "A mãe de Johnny o ama muito porque ela comprou uma jaqueta nova para ele!", você pode ter quase certeza que presentes são, para ele, um importante sinal de amor. (Tome cuidado para que seu filho não a manipule para receber posses materiais a fim de "manter-se à altura dos outros garotos!")

4. <u>Perceba sobre o que seu filho frequentemente reclama</u>. Muito parecido com o número 3, seu filho irá especificamente mencionar uma área que não está completa. Por exemplo, atente para as declarações de "Você nunca", tipo "Mãe você nunca brinca comigo," ou "Mãe você nunca me diz que eu faço algo certo." Isso ajudará a identificar suas necessidades específicas.

Semana 8: A Linguagem de Amor que o seu Filho vai Entender

Dê a seu filho a escolha entre duas opções. Crianças mais velhas podem auxiliar no processo de descoberta, quando você lhes dá uma escolha entre duas expressões de amor. Por exemplo: "Johnny você prefere ir ao parque e balançar com a mamãe, ou prefere que a mamãe faça bolachas para você dividir com seus colegas de classe amanhã?" A resposta dele lhe será uma boa dica da linguagem de amor dele.

Descobrir a linguagem de amor de seu filho levará tempo, mas você deverá começar a descobrir pistas em um ou dois dias. Continue trabalhando nisso e logo a sabedoria lhe ajudará a mostrar a seu filho o quanto o ama de uma maneira muito prática. Tome muito cuidado para não usar este conhecimento contra eles, como arma para conseguir que façam o que você quer. Você pode levá-los a se calar e se fecharem numa concha de isolamento.

Lembre-se: Seu amor nunca deve ser expresso de maneira condicional. Esta declaração, "Eu te amo", nunca deve ser acompanhado por um "porque" anexo. Assim seu filho entenderá que o seu amor por ele é incondicional, e isso sustentará a vocês dois através das longas e difíceis lutas nos próximos anos.

DIA 2 - MEDITAÇÃO
A MULHER SUNAMITA, UM EXEMPLO DE FÉ
PERSONIFICADA - PARTE 2

Novamente, leia 2 Reis 4:19-37. Para a lição de hoje, começando com o nascimento do filho da mulher sunamita, veremos como a vida deles progrediu. As Escrituras não nos dão detalhes específicos sobre os anos mais tenros da criança; mesmo assim, há muito que nós podemos aprender ao estudar essa história.

Deixe-me realçar alguns fatos que são expressos especificamente, ou inferidos:

1. Temos certeza de que ela e seu marido trabalharam juntos na criação e na educação do menino.
2. Na medida em que foi crescendo, seu pai o levava para o campo, trabalhando lado a lado com ele, ensinando-lhe o trabalho do campo.
3. Mesmo seu pai gastando muito tempo com ele no campo, o menino também manteve um relacionamento próximo com a mãe, porque no dia em que ficou doente seu pai o mandou para casa.
4. O pai manteve um interesse ativo no filho. Mesmo depois de o ter mandado para casa com os servos, logo ele mesmo também voltou para casa. Sabemos disso, porque ele estava em casa quando o filho morreu.

O menino foi crescendo, e quando tinha idade suficiente foi trabalhar nos campos com o seu pai. Um dia ele ficou enfermo com algum tipo de doença na cabeça ou ferida (a Escritura não é clara quanto a isso), então foi levado à sua mãe e sentou-se no colo dela. Algumas horas depois, ao meio-dia, ele morreu. Você consegue imaginar a dor que ela sentiu? A agonia que ela naturalmente sentiu teria paralisado a maioria das mulheres, mas não ela! O que ela fez? Imediatamente, ela buscou uma de suas jumentas e foi rapidamente ao homem de Deus que havia-lhe trazido a bênção divina anos atrás.

Eliseu a viu vindo, sabia que havia algum problema, e enviou Geazi para saber o que havia acontecido. Sua resposta foi: "Estou bem." BEM?! Como ela podia dizer isso? O filho dela estava morto! Como as coisas podiam estar bem? A única razão para que ela respondesse daquela forma era sua incrível fé em Deus e no servo Dele, Eliseu.

O versículo 23 indica que o casal sunamita havia mantido relacionamento com Eliseu durante todos esses anos. Os versículos 25 e 26 dizem, que quando Eliseu a viu chegando de longe, mandou seu servo questioná-la sobre ela e seu filho.

Ele instintivamente sabia que ela não teria vindo inesperadamente vê-lo a não ser que houvesse algo errado e que ela precisava da sua ajuda. E era isso mesmo que ela precisava! É evidente que ele os conhecia bem e se preocupava com seu bem-estar.

Ao invés de gritar freneticamente, de longe, "Faça algo!!", ela esperou até que pudesse vê-lo face a face.

Imediatamente, o relembrou das palavras que lhe havia dito quando dissera a ela que teria um filho. Toda sua ação foi testemunho de sua fé, tanto em Deus como em Seu profeta. Ela sabia que Deus não a decepcionaria. Ele havia lhe dado o filho prometido e ela tinha fé que Ele não o levaria embora. Ela sabia que Eliseu era profeta de Deus e o líder espiritual de sua família. Ela seguiria as instruções dele e teria fé. Deus responderia!

E que resposta Ele mandou! Através de um milagre de Deus, usando Seu servo, Ele trouxe vida a seu filho!

Por essa história, podemos ganhar a confiança de que Deus trará de volta nossos filhos à vida espiritual em Cristo se confiarmos Nele como a mãe sunamita fez. Através de fé e de oração! Deus escuta a oração de uma mãe! Tenha fé, não porque você é uma mãe perfeita, mas porque Ele é um Deus Perfeito!

Você tem a fé desta mãe? Você confia totalmente Naquele que lhe deu filhos para que fossem cuidados dia-a-dia? Descreva seus verdadeiros sentimentos em relação a Deus, e lembre-se de que Ele já sabe o que você está pensando, então você pode e deve ser sincera! Encarar suas fraquezas e confessá-las abertamente ao seu Senhor, e pedir a ajuda Dele ajudarão você a crescer na fé. Ao fazer isso, Ele será fiel para escutar e responder sua oração!

_____
_____
_____
_____
_____
_____
_____
_____
_____

DIA 2 - EXERCÍCIO PRÁTICO

Hoje, descreva o que você descobriu enquanto observava seu filho demonstrar o amor dele para estas pessoas:

Para você:_____

Para o pai dele/dela:_____

Para o irmão dele/dela:_____

Para um ou mais avós:_____

Para um colega, professor, ou outra pessoa que não é da família:_____

_____

DIA 3 - MEDITAÇÃO
EDUCAR FILHOS E TREINAMENTO DE CÃES

Ruth Graham ensina que todo pai deve ler um bom livro sobre treinamento canino. Ela diz que os pais devem manter as instruções de forma simples. "Eu falo tanto que deixo meus filhos tontos", ela diz.

Acho que deveríamos escutá-la. Com certeza, é apta para dar conselhos.

Eu já lhes contei sobre Sandy, nosso retriever dourado. Recebeu esse nome "Sandy" porque ama muito praia, e "sand" significa "areia" em inglês. Em nossa última visita à praia, Sandy decidiu que estávamos caminhando muito vagarosamente. Então ele, obstinadamente, correu à nossa frente. Na próxima vez que o vimos, ele estava trancado na Delegacia Policial de Kure Beach. Assim que Tom o viu, disse: "Olhe, querida, nosso filho está preso."

Retriever é uma raça de cães conhecida por terem dificuldade de se controlarem e obedecerem a comandos nos primeiros dois anos de vida. Constatamos que é verdade. Também é conhecida por precisar de algo na sua boca continuamente, de preferência seu braço ou mão. Constatamos que é verdade. Também são conhecidos por serem ladrões de roupa suja, preferencialmente as roupas íntimas de seus donos, com o objetivo de correr e mostrá-las a todos os vizinhos. Constatamos ser este fato, verdadeiro também. O Sandy também tem um senso de humor, e prova isso em todas as oportunidades com um bom jogo de "mantenha-se longe", com a dita roupa íntima. Esse nosso cão sanguíneo não fica nem um pouco amedrontado com o volume de nossas vozes ou o vermelhão de nossos rostos. Ele parece achar que precisamos de uma boa corrida de vez em quando ou então que nossos pulmões precisam de ginástica no mínimo uma vez por dia.

Agora, treinar o Sandy não tem sido algo que você chamaria mar de rosas, a menos que esteja falando daquelas rosas em nosso quintal onde ele ama cavar. Ele é tão bonitinho e dócil que você não conseguiria parar de rir dele, a menos que gritasse com ele. Esse cão tem uma personalidade a mais. Num minuto, ele o deixa maluco e no seguinte, o faz perder o fôlego de tanto rir. Através de tudo isso, aprendemos uma coisa muito importante: use comandos simples se quer que ele faça o que diz. Sente. Fique. Solte. Deite.

Sou sanguínea de natureza também e como tal consigo falar até pelos cotovelos. No seu livro, escrito juntamente com sua filha Gigi, "Mães Juntas", Ruth Graham diz que "às vezes falo tanto que deixo meus filhos tontos". Eu a entendo. Quero dizer, o que há de errado ao colocar seu filho de quatro anos sentado, e explicar para ele porque a mamãe diz para não jogar as fraldas da irmãzinha na parede? Eles precisam entender muitas coisas importantes, tais como: 1) Não é higiênico; 2) É falta de educação; 3) Não é arte de parede quando cheira mal; 4) Você pode ofender alguém.

Há somente um problema sobre aquela minha pequena teoria: não funciona. Eles ficam cansados do papo antes mesmo que possam entender o que eu quero dizer.

Então, assim como no treinamento de Sandy, se mantivermos nossos comandos simples, curtos e precisos, nossos filhos não terão dúvidas do que queremos. Acrescente os "por quês" aos poucos, na medida que vão crescendo, ou quando perguntam (Para um filho de três anos, isso acontece sempre que você abrir sua boca). Seja consistente e persistente, e cumpra as suas promessas, positivas ou negativas. Se prometer 100 pancadas com um espaguete molhado, então faça-o. Nunca faça uma promessa que não possa ver cumprida.

Treinando os seus filhos com a Palavra de Deus:

Leia os seguintes versos e preencha os espaços:

Provérbios 22:06 _____ a criança no caminho que ela deve andar e _____, ela não se apartará dele.

Provérbios 22:15: _____ é encontrada no coração de uma criança, mas a _____ a afastará dela.

Nestes dois versículos, a raiz hebraica da palavra traduzida "educar" significa "dedicar-se, ser direto, diligente em". Temos que ser diligentes, ou consistentes, na educação de nossos filhos. Essa é provavelmente a falha principal das mães em todos os lugares. É muito difícil ser consistente, todos os dias, na formação de nossos filhos.

Um dia, o horário da mãe é mais agitado, e seu mau humor pode torná-la mais exigente concernente a obediência dos filhos do que num horário mais tranquilo. O que ela diz hoje pode não ser o mesmo amanhã. É imperativo que nossos filhos tenham limites e regras que sejam as mesmas todos os dias, regras pelas quais entendem que têm consequências bem definidas. É totalmente injusto permitir que o Johnny pule na cama hoje, mas amanhã bater nele por ter feito a mesma coisa. Ele precisa entender que em casa, as regras são as mesmas todos os dias, para que possa entender que as regras de Deus também não mudam. Ao contrário disso, ele ficará totalmente confuso e pensará que Deus tem humor também, e que as regras Dele também podem mudar, assim como as nossas.

Leia Deuteronômio 11:18-20.

Como e quando este versículo nos diz que nós, como pais, temos que ensinar nossos filhos?_____
_____

Mais uma vez, as Escrituras nos ensinam que as regras não mudam. Repetem, de forma um pouco diferente, que temos que diligentemente ensinar nossos filhos as mesmas lições. Manter as mesmas regras. A Bíblia mantém as mesmas regras para nós, enquanto ela também nos ensina como ensinar nossos filhos. Leia Isaías 28:9,10.

O que você acha que o termo "linha sobre linha, preceito sobre preceito, aqui um pouco, lá um pouco" significa?_____
_____

Mais uma vez, Deus é consistente. Ele nos diz para continuarmos ensinando a mesma coisa. A repetição leva o aprendizado a ser inserido profundamente no coração do filho. As regras não mudam; o ensinamento continua consistente, dia após dia.

Quando essa consistência fica enraizada no coração de uma mãe, também ficará enraizada nas suas ações.

Enquanto não estabelecer raízes nas ações e coração da mãe, você não deve esperar que estabeleça raízes no coração e ações dos filhos dela. O-OH ! Eu sei, esta doeu, não foi, Mãe? Deus está nos dizendo que se nós queremos filhos maduros, também precisamos amadurecer!

Efésios 6:4 nos ensina a não _____ nossos filhos a _____

Quando não damos a nossos filhos a segurança de regras e expectativas consistentes, eles nunca terão certeza se devem esperar punição ou elogio por certo comportamento. Em seus corações, eles sentem profundamente a injustiça. Quando o elogio de hoje se torna a punição de amanhã, eles se sentem totalmente inaptos ao tentar nos agradar. Isso geralmente resulta em sua desconfiança em nós e alimenta raiva que poderá ficar com eles para o resto de suas vidas.

O que 2 Timóteo 3:15 nos ensina? _____
_____

Ver nossos filhos virem a Jesus como Salvador e Senhor é a recompensa por exercitar uma disciplina consistente e fazer as coisas à maneira de Deus. Que melhor recompensa poderia haver?

A teoria de Ruth Graham a respeito de "treinamento de animais de estimação" para os pequeninos foi bem esperta, hein?!

Por favor, lembre-se de que até que a consistência forme raízes no coração da mãe, não formará raízes no coração do filho dela.

DIA 3 - EXERCÍCIO PRÁTICO

Considerando o conselho de Ruth Graham sobre treinamento de animais de estimação, pense cuidadosamente sobre os traços de caráter e regras que você mais deseja instigar em seus filhos nesse estágio de suas vidas.

Para cada filho, faça uma lista de três regras que você mais quer que eles aprendam nos próximos 21 dias.

Você sabia que se fizer algo por 21 dias consecutivos, se tornará um hábito, não muito fácil de ser abandonado? Use esse conhecimento a seu favor!

Minimize o número de regras, mas seja consistente nessas poucas!

DIA 4 - MEDITAÇÃO
AMAR SEUS FILHOS

Comece a devocional de hoje lendo sobre o amor de Deus por nós, Seus filhos, em João 3:1-22.

Você já pensou sobre o fato de que Deus, mesmo sendo o Pai perfeito, não tem filhos perfeitos?

Como você reage quando seu filho questiona repetidamente suas respostas e julgamentos às próprias perguntas dele? Após muitas tentativas para explicar-lhes a verdade, e eles continuarem a colocar em questão a confiabilidade de sua resposta, você fica irritada e frustrada? Qual mãe não ficaria?

Após ler João 3:1-22, o que se torna evidente sobre Nicodemos em sua reação às respostas de Jesus às suas perguntas? Mesmo estando face a face com o Filho de Deus vivo, ele continua questionando-o!

No versículo 2, Nicodemos vem à noite (indicando já sua dúvida!) e o que ele diz a Jesus? _____
_____

No versículo 3, Jesus responde diretamente, de forma verdadeira e simples. Qual foi a resposta Dele? _____
_____

Logo no verso seguinte, Nicodemos questiona a resposta de Jesus. Como Jesus responde no verso 5? _____
_____

Oh, que fôssemos pacientes com nossos filhos como Jesus foi com Nicodemos! Ainda assim, novamente, no verso 9, o que Nicodemos faz?
_____
_____

Seus filhos já questionaram sua honestidade, ou discutiram com você? Os meus fizeram, e ainda fazem! Compare as respostas de Jesus a Nicodemos nos versículos 3, 5-8 e 10-22. O que você mais percebe sobre a resposta de Jesus? _____
_____

É totalmente impressionante para mim ver as habilidades paternais de Jesus demonstradas aqui. Ele foi muito paciente com Nicodemos!

Note que Nicodemos veio até Jesus procurando por respostas. Jesus não o procurou; ele procurou Jesus de livre e espontânea vontade, e por quê? O que Nicodemos reconhece sobre Jesus no verso 2?

Nicodemos sabia que Jesus havia vindo de Deus e era de Deus, então veio questioná-Lo sobre a vida eterna, obviamente crendo que Ele teria as respostas que precisava. Assim, quando Jesus não lhe deu as respostas que queria, qual foi a reação dele? O conhecimento de Jesus foi questionado. Será que Nicodemos esperava que Jesus mudaria de ideia, ou pelo menos estaria disposto a dar-lhe uma segunda escolha que ele gostasse mais? Filhos teimosos vêm em todos os tamanhos!

Alguma vez você caiu nessa armadilha quando Deus lhe deu uma resposta ou direção e você preferiria não ter escutado? Você continuou procurando uma segunda escolha que fosse mais de seu gosto? Jesus foi muito forte e ainda assim, muito paciente e amoroso em suas respostas a Nicodemos. Mesmo quando questionado pela terceira vez, Jesus ainda lhe deu a mesma resposta verídica.

Às vezes nossos filhos colocam pressão sobre nós, ao continuar argumentando contra uma resposta que lhes demos. Por quê? Porque não gostam de nossa primeira resposta, então eles esperam nos dissuadir impiedosamente com argumentos que nos levam a desistir e dar-lhes a resposta que é a que eles queriam!

Que exemplos de atributos paternais nessa história! Como sempre, Jesus é o perfeito exemplo para toda situação que possamos encontrar.

Seus filhos às vezes questionam seu conhecimento espiritual? Dê alguns exemplos: _____

_____
_____
_____
_____
_____

DIA 4 - EXERCÍCIO PRÁTICO

Escreva sobre o confronto mais recente com um filho. Usando o exemplo de Jesus em nossa passagem de hoje, como você poderia ter lidado com isso de uma maneira mais amorosa? Você foi direta o suficiente? Você ficou firme? Você ficou zangada com o filho?

Como você pode melhorar, para que esteja pronta quando o próximo confronto chegar? E pode ter certeza de que virá!

_____
_____
_____
_____
_____
_____
_____
_____
_____
_____

DIA 5 - MEDITAÇÃO
DISCIPLINA, PUNIÇÃO E TERNOS SENTIMENTOS

Você se lembra de alguma vez ter sido disciplinada ou punida de uma forma que a fez sentir-se como se seu coração fosse quebrar? Ou, ao invés de ter um coração quebrado, você já ficou tão zangada que amargura foi tudo que sentiu? Você já notou que o mesmo tipo de disciplina não funciona para todos os filhos? Alguns respondem bem à uma boa "conversa", alguns respondem a um simples olhar sério, e ainda outros precisam de um ligeiro tapa para conseguirmos sua atenção. Nossos filhos também têm ternos sentimentos, e *como* nós os disciplinamos e os punimos é tão importante quanto *que* os disciplinemos e os punamos quando necessário.

Procure as seguintes passagens bíblicas e note as ações que mostraram o amor de Jesus para com as pessoas envolvidas:

Lucas 18:15 -17 _____
Lucas 8:43 - 48 _____
Lucas 7:9 _____
João 3:16-17 _____
Lucas 6:6 -11 _____
João 8:11 _____
Lucas 5:29 - 32 _____
João 13:5 _____
Lucas 22:19-20 _____
João 3:16 _____

Disciplina e punição não são necessariamente as mesmas coisas. Dos versos acima, é fácil ver porque as pessoas, especialmente as crianças, eram atraídas a Jesus.

- Ele sabia como mostrar a todas as pessoas o amor Dele de forma que elas pudessem entender.
- Ele entendia que todos são diferentes e têm necessidades diferentes
- Ele encontrava as pessoas exatamente onde elas estavam, não onde elas deveriam estar.
- Ele ensinava a verdade, sem condená-las.
- Ele revelava o pecado; ainda assim, amava o pecador.
- Ele passava tempo com elas.
- Ele dava quando elas tinham necessidades.
- Ele as tocava.
- Ele as servia.
- Ele deu o maior presente de todos: a Si próprio. Sua própria, eterna vida!

Perceba quantas vezes Jesus ensinou as pessoas, confrontou o pecado, corrigiu o povo em seus pecados e ainda assim, Ele não feriu ninguém com Suas palavras, toque ou serviço. Ele não guardou para Si o tempo com eles, mesmo quando questionado ou duvidado. Ele certamente não negou o dom da vida eterna, mesmo as pessoas não merecendo.

O amor Dele nunca foi condicionado ao desempenho deles. Ele até mesmo teria perdoado os fariseus se estes tivessem se arrependido e pedido a Ele. Não lhes virou as costas; eles viraram as costas a Jesus. Ele nunca retrocedeu de falar a verdade, mas sempre com bondade e amor. A única vez nas Escrituras que Ele demonstrou raiva, foi quando expulsou os mercadores do Templo. Eles estavam fazendo da casa de Seu Pai um covil de ladrões. As Escrituras foram cumpridas quando demonstrou zelo pela casa de Seu Pai, declarou que era para ser uma casa de oração.

Se tão somente pudéssemos aprender a modelar esse tipo de amor aos nossos filhos, eles nunca teriam dúvidas de nosso amor por eles.

Se aprendermos a ensiná-los diligentemente com amor, consistência e bondade, e se consistentemente modelarmos obediência em nossas vidas, então a promessa de Provérbios 22:6 será nossa. Deus nunca disse que nossos filhos não fariam seus próprios erros. Disse que se nós os treinarmos no caminho de Deus, quando ficarem velhos, eles não se afastariam dele.

Como mãe, as coisas mais poderosas que pode fazer para seus filhos são:

- Ensinar-lhes os caminhos do Senhor e de Sua Palavra.
- Amar seu marido e manter sua família unida.
- Mantê-los próximos aos servos e profetas de Deus em sua igreja local.
- Praticar consistência em sua própria vida e no treinamento deles.
- Orar por eles e ter fé que Deus responderá suas orações e os salvará.

DIA 5 - EXERCÍCIO PRÁTICO
DISCIPLINA, PUNIÇÃO E AS CINCO LINGUAGENS DE AMOR

Nada fere mais uma criança do que ver sua linguagem de amor usada de forma negativa. Por exemplo, uma criança que precisa de palavras de afirmação para sentir-se amada, ficará devastada quando um pai gritar com ela, dizendo-lhe insultos tais como: "Você é burro" e palavras cortantes como "Você nunca prestará para nada!" Este tipo de tratamento é deteriorativo para qualquer criança, mas principalmente para aquela cuja necessidade de palavras de afirmação é maior. A criança que escuta esses insultos terá uma baixa autoestima e provavelmente será aquela que terá problemas durante a adolescência porque certamente buscará aprovação de qualquer pessoa que lhe possa dar, porque não a teve em casa.

As outras linguagens do amor funcionam da mesma maneira. A criança que precisa de toque será mais sensível a palmadas, puxões no braço, etc. A criança que precisa de tempo de qualidade será mais ferida quando mandada ao seu quarto por longos períodos como punição.

A criança que precisa de ações de serviço será machucada no profundo por um pai que repetidamente negligencia no fornecimento de refeições, roupas limpas, ou esquece de apanhá-lo no treino de futebol. Um aniversário esquecido pode trazer cicatrizes profundas para a criança cuja linguagem do amor é receber presentes.

O importante é que, um pai pode usar as linguagens do amor de maneiras positivas para oferecer amor incondicional, ou pode usá-las de forma extremamente negativa e prejudicial, que diminuirá a confiança, a autoestima e o sucesso do seu filho.

Semana 8: A Linguagem de Amor que o seu Filho vai Entender

Talvez se praticarmos a utilização dessas linguagens, possamos formar novos hábitos ao buscarmos sua utilização de formas positivas na educação de nossos filhos.

Independente das linguagens do amor, você deve educar e disciplinar seu filho. Punição é às vezes necessária, não importa qual é a linguagem de amor dele. O medo de ferir sua autoestima não pode se sobrepor à necessidade de correção apropriada, e certamente pode ser feita de forma que não prejudique a frágil autoestima.

Acho que a linguagem de amor de meu filho é _____

Ainda não sei qual é a linguagem de amor de meu filho, mas eu usarei _____ como exemplo no seguinte cenário.

No cenário abaixo, descreva como você poderia utilizar a linguagem de amor de seu filho - de uma forma positiva e negativa.

Cenário 1: Seu filho acabou de chegar da escola com um boletim mostrando dois 10, um 8, dois 7, um 6 e um 5.

Como você pode reagir de uma forma positiva?
_____
_____
_____
_____

Como pode reagir de uma forma negativa?
_____
_____
_____
_____

Cenário 2: Seu filho de 3 anos desenhou na parede com giz de cera e sente-se orgulhoso em mostrar sua obra de arte.

Reação positiva:
_____
_____
_____
_____

Reação negativa:
_____
_____
_____
_____

Semana 9
Rir para não Chorar

Estabelecendo o seu equilíbrio emocional

Tem dia que eu não consigo parar de chorar!
Fico tão triste que mal posso sair da cama!
Estou cuspindo pregos de tão brava que fico!
Estou tão feliz que me sinto flutuando no ar!
Aquela tempestade de ontem à noite me assustou tanto, estava tremendo nas botas!
Estou tão desapontada porque não posso ir às montanhas com a Jill neste fim de semana!
Estou muito chateada com a Jane por não me emprestar sua batedeira!
Na noite passada o Júlio entrou e deixou as chaves na mesa, a correspondência no balcão, os sapatos no corredor, as meias no chão, a camisa no corrimão e a gravata na maçaneta! Parece com o antigo quarto dele! Quando pedi para ajudar-me a apanhar as coisas, ele gritou comigo e isso me magoou!
Nunca deveria ter apresentado a Jane para a Sandra. Agora estão ficando muito amigas! A Jane foi para o shopping com a Sandra e não me convidou para ir com elas! Imagina se eu vou convidá-las para meu aniversário!

Emoções! Certamente podem causar danos a uma mulher! Elas podem deixá-la sentindo-se vazia e fria como um caixão, ou quente como um gato em uma sala cheia de cadeiras de balanço! Nada pode levá-la a uma volta de montanha-russa tão rapidamente quanto emoções não solicitadas! Nada pode sugar mais sua energia, sanidade, tempo, paz e atitude tão efetivamente como emoções não controladas! Mas, afinal de contas, somos mulheres, e nem sempre conseguimos controlá-las! Então, o que fazer?
Leia Tito 2:3-5. Liste as instruções que já estudamos até este ponto.
1. _____
2. _____
3. _____

Hoje, passaremos à próxima instrução, que é ter estabilidade emocional. Como sempre, a Palavra nos guiará a uma melhor compreensão de como podemos ter melhor controle de nossas emoções, e maior paz de espírito, de uma forma como nunca havíamos pensado ser possível.

DIA 1 - MEDITAÇÃO
ABASTECIDA PELO MEDO

Leia Filipenses 4:19 três vezes, em voz alta, em preparação para a lição de hoje.

Nas primeiras lições deste estudo, conversamos sobre a importância da disciplina em nossas vidas. Nossa fonte bíblica para este estudo são os filhos de Israel quando foram libertos da escravidão no Egito e liderados pelo Senhor, através de Moisés, em uma jornada até a Terra Prometida. Aprendemos sobre suas lutas e vitórias enquanto Deus continuava a mostrar-Se poderoso em cada luta que eles enfrentavam.

Em sua opinião, qual foi a maior luta que encontraram no caminho?

- Escravidão.
- As águas do Mar Vermelho.
- A longa jornada à frente.
- Nenhuma fonte visível de comida.
- O grande e poderoso exército egípcio seguindo-os.
- Nenhuma fonte visível de água.
- Animais selvagens na região.
- A própria atitude deles.
- O não conhecimento exato de onde iriam.
- Falta de vestimentas e sapatos extras, etc.

Mesmo sendo grandes os obstáculos que enfrentaram, do ponto de vista humano, a cada vez, Deus mostrava que cuidaria das suas necessidades, na maioria das vezes de forma sobrenatural e poderosa. Eles precisavam apenas confiar e ter fé Nele. Ao invés de ter fé, porém, eles pareciam ser controlados por uma atitude incrédula abastecida pela emoção do medo. Uma atitude incrédula é geralmente alimentada pelo medo.

Sua atitude arruinou toda a esperança de ganhar a recompensa que Deus queria dar, a de entrar na Terra Prometida. Ao invés de ter fé, permitiram que o medo controlasse suas vidas. A falta de disciplina deles resumiu-se em uma instabilidade emocional ao permitirem que o medo fosse a força primária regendo as suas vidas.

E você em suas lutas diárias, o que geralmente determina suas escolhas?

Você sabia que medo e fé não podem ficar no mesmo lugar ao mesmo tempo? Você pode ter um ou outro, mas não pode ter os dois!

Falta de fé levará a emoções, tais como medo, ficar fora de controle. Vamos encarar o fato: Se não tivermos fé que nosso Deus cuidará de nós e suprirá as nossas necessidades, teremos muito do que nos amedrontar! Foi exatamente o que aconteceu aos filhos no deserto. A razão pela qual lamentaram e reclamaram tanto foi devido a uma fé quase inexistente, portanto, a emoção do medo os controlava, e o medo os levava a pensar que tinham de resolver seus próprios problemas.

Outras emoções também podem controlá-la a menos que você aprenda a manter seus olhos no Senhor e permitir que o Espírito trabalhe em você.

Leia Provérbios 19:13 e 21:19. Você percebeu como as outras pessoas se sentem ao estarem ao redor de uma mulher que não tem controle emocional?

Ninguém, principalmente o marido dela, quer estar perto dela. A palavra "rixosa" significa "brigar, bravejar, argumentar, alguém que semeia discórdia e conflito." Todas essas ações são frutos de uma raiva incontrolada, assim como lamento foi fruto de um medo incontrolado para os filhos no deserto.

Com qual emoção negativa você mais luta? É medo, raiva, tristeza, depressão, preocupação, amor, mágoas?

Passaremos toda a semana aprendendo do Senhor como podemos ter uma mente equilibrada, como Ele sempre nos ordena a ter.

Para hoje, vamos nos concentrar no primeiro versículo com o qual iniciamos: Filipenses 4:19. "Porque meu Deus suprirá todas as suas necessidades, de acordo com as suas riquezas em glória, por Cristo Jesus." Meninas, ou cremos na Palavra de Deus, ou não cremos! Não existe meio termo! A qualidade de nossa felicidade na vida aqui na Terra será diretamente proporcional a como vivemos esses princípios.

DIA 1 - EXERCÍCIO PRÁTICO

Você tem uma atitude de gratidão, ou você lamenta-se, preocupa-se e reclama de seus desafios? Tome um minuto e liste as maneiras em que você é abençoada, e depois escreva sua oração de gratidão por todas essas bênçãos às quais você às vezes não dá valor.

1._____
2._____
3._____
4._____
5._____
6._____
7._____

Agora, liste suas necessidades. Muitas vezes, confundimos desejo e necessidade. Incluam apenas coisas que sejam verdadeiras necessidades.

1._____
2._____
3._____
4._____

Como é sua fé? É saudável? Você confia que Deus pode suprir suas necessidades? Você lamenta-se e reclama com medo, ou fica tranquila, confiando que Deus suprirá para você?

Escreva sua decisão aqui, mesmo em meio a seus medos, confessando-os e pedindo a Deus que os remova. Você crescerá em fé. Você pode ser bem sincera, porque Deus conhece seu coração de qualquer forma!

_____
_____
_____
_____

Semana 9: Rir para não Chorar

DIA 2 - MEDITAÇÃO
E AGORA MENINAS, O QUE FAZER?

Leia Tito 2:3-5. Já estudamos as 3 primeiras instruções dessa passagem. Aprendemos sobre ser sóbria ou disciplinada; aprendemos sobre amar nossos maridos e filhos; e agora seguiremos para a quarta instrução que é "ser discreta".

Escreva qual você acha que é o significado da palavra discreta: _____
_____

A raiz grega da palavra traduzida em nossa Bíblia como discreta é *sophron*. Reconhece a palavra? Na Semana 3, aprendemos sobre a palavra *sophronize*, que é traduzida como "disciplinada". A palavra de hoje, *sophron*, é a raiz para *sophronize* e significa mais especificamente "emoções profundas".

Sempre podemos contar com o Senhor para completar Seus ensinamentos! Já aprendemos que temos que ser disciplinadas ou controladas nas ações de nossas vidas; agora vamos aprender a ser autocontroladas ou disciplinadas em nossas vidas emocionais.

Seguem abaixo algumas palavras traduzidas de *sophron* a respeito do controle emocional:

- o Sensato
- o Moderado
- o Prudente
- o Equilibrado
- o Profundamente enraizado

Leia os versículos abaixo e escolha uma palavra acima para traduzir a palavra *sophron*:

Tito 2:2 – "Exorta os velhos a que sejam temperantes, respeitáveis, _____, sadios na fé, no amor e na constância."

Tito 2:5 – "...a serem _____, honestas, boas donas de casas, bondosas, submissas a seus maridos, para que a palavra de Deus não seja blasfemada."

E como manter uma mente firme quando a vida está em desordem?

Tito 2:4 _____
Tito 2:5 _____
Tito 2:6 _____
Tito 2:7 _____
Tito 2:8 _____
Tito 2:12 _____

Meninas, quando as Escrituras falam algo uma vez, devemos escutar porque é Deus que está falando. Quando diz algo duas vezes, devemos saber que precisa ser algo importante para Deus mesmo se repetir. Quando fala três vezes, Deus está sendo realmente sério a respeito, mas quando Ele repete 8 vezes dentro de 15 versículos...Alô!!! Despertem e fiquem alertas, amigas! A intenção Dele aqui é nos ensinar a sermos equilibradas, fortemente enraizadas, moderadas, sólidas e temperadas em nossa vida emocional.

Uma razão pela qual Deus repete muitas vezes um ponto específico de instrução é devido à seriedade nas consequências que a desobediência pode causar.

Leia Tito 2:5 novamente. O que Deus coloca como razão pela qual Ele quer que aprendamos essas instruções? _____

Leia Tito 2:13-15 mais uma vez. Qual é a razão pela qual Deus quer que aprendamos, obedeçamos e pratiquemos essas instruções? _____
_____

Deus quer que entendamos que se somos desobedientes aos Seus mandamentos, traremos repreensão à Palavra de Deus. Blasfemaremos contra Ele; traremos repreensão em Seu reino; e nós, como pessoas, não seremos respeitadas! Acho que prefiro morrer a trazer repreensão ao nome do Senhor!

DIA 2 - EXERCÍCIO PRÁTICO

Há épocas em que ficamos muito irritadas, mas certamente não deveríamos perder nosso controle emocional com frequência. Como você classificaria seu controle emocional na vida cotidiana? Com quais emoções você luta mais? Seu marido se identificaria com as declarações de Provérbios 19:13 e 21:19? Escreva aqui as suas respostas:

_____
_____
_____
_____
_____
_____
_____
_____
_____
_____
_____
_____
_____
_____
_____

Semana 9: Rir para não Chorar

DIA 3 - MEDITAÇÃO
A MONTANHA-RUSSA EMOCIONAL - PARTE 1

Leia Tiago 1:1-27. Em nossa vida diária, experimentamos muitos desafios e tentações. Uma das principais tentações que enfrentamos todos os dias é o controle emocional. A maneira pela qual reagimos emocionalmente às lutas da vida revela nosso verdadeiro caráter. Às vezes, nossas emoções flutuam tanto que nós nos encontramos em uma montanha-russa emocional que deixa aqueles ao nosso redor desgostosos, e nos deixa extremamente exaustas. Também faz o problema estourar até o ponto que se torna algo muito maior do que era para ser.

Por exemplo, você tem uma consulta médica na terça. Você está ansiosa para ir ao médico e tomou o cuidado de pedir a sua mãe que cuidasse das crianças, com semanas de antecedência. No dia da consulta, ela liga uma hora antes dizendo que algo surgiu e não poderá ficar com as crianças. Antes que ela possa terminar a explicação, você perde o controle emocional e grita acusações horríveis, sobre não poder depender dela. Depois de chover rancor nela por vários minutos, finalmente ela consegue inserir o fato de que já havia providenciado sua irmã para ajudá-la.

O que esse tipo de explosão emocional causa? _____
_____

O que Tiago 1:12 diz sobre a pessoa que é paciente sob tentação e prova?
_____

O que Tiago 1:2-4 fala que devemos fazer quando somos provadas?
_____

O que Tiago 1:5-6 diz que precisamos ter durante as provas? _____
_____

Se balançamos na fé e obediência, qual será a consequência, segundo o verso 7? _____

Falta de paciência e fé durante as provas da vida nos levará a perder o controle emocional.

Leia Romanos 5:3.

Segundo esse versículo, o que nos dará paciência? _____
_____

Quando você ora por paciência, Deus lhe enviará tribulação porque diz em Romanos 5:3 que é a tribulação, ou sofrimento, que lhe dará paciência! Paciência é uma característica que é desenvolvida quando você permite que o Espírito de Deus a controle! Portanto, garotas, eu decidi há muito tempo atrás que teria paciência como ato de minha própria vontade e não pediria a Deus que me desse! Decidi que trabalharia com o Espírito Santo em mim para desenvolver este "fruto do Espírito". Isso significa que eu não brigaria com Ele, mostrando um mau comportamento em situações que normalmente me levariam a demonstrar emoções negativas. Ele nos dará tribulações até que aprendamos a ter paciência. Então, já que eu preferia não aprender através de tribulações, decido hoje ter paciência agora, muito obrigado!

Paciência nos permite controlar ações provenientes da irritação emocional. A única coisa que precisamos fazer é tomar a decisão de trabalhar com Deus para desenvolver paciência, e Ele nos ajudará a controlar nossas ações.

É importante notar que precisamos fazer essa decisão antes que uma tentação surja, pois se você não o fizer, mais uma vez agirá no impulso ao invés de racionalmente e com auto-controle.

Lembre-se da nossa direção de Tito 2:5 para essa semana? Temos que ser *sophron*, ou de mente sã, emocionalmente estáveis, temperadas e equilibradas.

Precisamos estar profundamente enraizadas nas Escrituras para estarmos preparadas emocionalmente para provas. Devemos fazer isso se esperamos que o Espírito de Deus nos use para trazer honra ao Seu nome ao invés de repreensão, e respeito ao invés de desrespeito para nós mesmas.

Sinceramente, podemos ensinar nossos filhos a serem emocionalmente estáveis antes que coloquemos isso como prioridade para nós mesmas?

DIA 3 - EXERCÍCIO PRÁTICO

Existem vários níveis de intensidade para cada emoção. Circule aquele que se aplica a você com mais frequência.

Planilha de classificação emocional

EMOÇÃO	1	2	3	4
Medo	Borboletas no estômago	Preocupada	Alarmada	Petrificada
Raiva	Irritada	Enraivecida	Furiosa	Lívida
Felicidade	Contente	Jubilosa	Exultante	Extasiada
Tristeza	Melancólica	Mau Humorada	Deprimida	Sombria
Mágoa	Ofendida	Contrariada	Decepcionada	Esmagada
Amor	Receptiva	Calorosa	Carinhosa	Apaixonada

Este teste sobre sua saúde emocional não é 100%, mas lhe dará ideia de como as emoções influenciam sua vida.

Lembrem-se, meninas, uma mente sã é a descrição de um equilíbrio emocional. Se você marcou 4 em qualquer categoria, querendo dizer que na maioria das vezes experimenta esse nível de intensidade para essa emoção, definitivamente lhe falta equilíbrio. Às vezes, as pessoas têm a tendência de estarem ou bem lá no alto ou bem no baixo, amedrontadas com tudo ou negligentes do perigo real, ofendidas ou esmagadas sobre questões não verdadeiramente significativas.

Talvez você queira perguntar a seu marido ou a uma amiga íntima, como eles descreveriam seu equilíbrio emocional nessas áreas. A contribuição deles pode ser valiosa para você aprender mais sobre você mesma, para que possa se tornar uma pessoa equilibrada emocionalmente. Deus a abençoe enquanto cresce nessa área de sua caminhada cristã!

Semana 9: Rir para não Chorar

DIA 4 - MEDITAÇÃO
A MONTANHA-RUSSA EMOCIONAL - PARTE 2

Leia Mateus 18:21-35. Nessa passagem, qual é a pergunta de Pedro a Jesus? _____
_____

O que implica essa pergunta? _____
_____

Muitas pessoas olham para esta parábola e pegam apenas uma parte importante da instrução: perdoe aos outros quantas vezes necessárias, enquanto houver ofensas. Você acha difícil perdoar os outros? Se sim, por quê?
_____

Qual é a sua definição de perdão? _____
_____

A razão pela qual muitas pessoas enfrentam dificuldades em relação ao perdão é que elas confundem o perdoar alguém com aceitar a culpa de alguém. Perdoar não significa que você esteja concordando com a outra pessoa, nem que "ele estava certo e eu, errada". Ao contrário, simplesmente significa que você reconhece o fato de que ele estava errado, mas você decidiu não considerar isto contra ele ou guardar rancor.

Guardar rancor não fere tanto a pessoa que está errada mas sim fere àquele que guarda o rancor. Recusar-se a perdoar colocará um fardo pesado em seu coração e mente, que ficará com você a cada minuto do dia.

Recusar-se a perdoar leva você a reviver o evento repetidamente. Você sabia que o subconsciente é incapaz de fazer a diferença entre um evento em processo e sua repetição em sua mente? Ter que vivenciar um evento doloroso pela primeira vez já é difícil, mas escolher vivênciá-lo repetidas vezes é totalmente ridículo! É horrível e desnecessário!

Perdão não é aceitar a culpa pelo erro de outra pessoa.

Faz muito mais sentido reconhecer logo que a outra pessoa errou, e recusar-se a guardar isso contra ela. Quando consegue fazer isso, você libera sua mente de ter que pensar sobre sua ferida ou a punição da pessoa, e ao invés disso, permite que Deus a cure e lide com ela. É muito mais eficaz!

Então você é liberada do fardo e estresse de ter que continuar a lidar com uma situação desagradável. Você pode caminhar para outras tarefas mais produtivas e agradáveis que Deus lhe deu.

Leia o versículo 34 novamente. O que aconteceu a este homem que não perdoou? Como resultado da sua atitude ele foi entregue aos torturadores. Você já se perguntou porque eu escolhi essa passagem sobre perdão quando deveríamos estar falando sobre nossas emoções? É muito simples. Os "torturadores" a que se refere essa passagem podem ser coisas como: ressentimento, ódio, depressão, confusão, tristeza e amargura.

Se você tem falta de estabilidade emocional, é possível que seja pela falta de perdão em seu coração. Se você tende a sofrer mais do que o normal com essas emoções negativas, será que os frutos dos torturadores foram liberados em você?

Leia o verso 32 novamente. Que palavra é usada para descrever o servo que recusou a perdoar o devedor? _____

Jesus chamou a pessoa que não está disposta a perdoar de má, e eu certamente não quero ser chamada de má pelo Senhor, e você? Lembre-se, a falta de perdão a paralisará, mas o perdão a libertará.

DIA 4 - EXERCÍCIO PRÁTICO

Você sente que luta excessivamente com emoções negativas? Se sim, quais delas?_____
_____

No caso positivo, será que está negando perdão a alguém que pecou contra você no passado? Muitas vezes pensamos que perdoamos alguém, mas na verdade, nós só a perdoamos com nossas palavras, mas não com nossas ações ou emoções. Se você vive o erro repetidamente, isso significa que o verdadeiro perdão não foi dado.

Lembre-se: perdão é uma decisão de que nós não guardaremos rancor contra a pessoa.

Você consegue pensar em alguma pessoa e situação para a qual você não liberou o perdão verdadeiro? Se for o caso, isso tem causado algum tormento em sua vida? Você lida constantemente com raiva, depressão ou amargura por causa disso? Como isso afetou o seu relacionamento com sua família, amigos e o Senhor?

Agora você está pronta para perdoar completamente aquele que pecou contra você? Escreva a sua oração ao Senhor aqui.

_____
_____
_____
_____
_____
_____
_____
_____
_____
_____
_____
_____
_____

Semana 9: Rir para não Chorar

DIA 5 - MEDITAÇÃO
A CURA PARA A MONTANHA-RUSSA EMOCIONAL

Gálatas 5:22-23 diz: "Mas o fruto do Espírito é o amor, alegria, paz, longanimidade, benignidade, bondade, fidelidade, mansidão, domínio próprio: contra essas coisas não há lei".

Nos últimos quatro dias, temos estudado sobre a importância de alcançarmos o equilíbrio em nossas vidas emocionais. Aprendemos sobre muitas maneiras nas quais nós demonstramos ações e emoções negativas.

Leia Gálatas 5:19-26. Liste abaixo as "obras da carne" que constam nos versículos 19-21: _____
_____
_____
_____

O que o versículo 21 fala sobre aqueles que fazem tais coisas? _____
_____

A Bíblia, do início até o final, deixa claro que se não nos arrependermos (nos desviarmos da obra da carne) e recebermos Cristo como Salvador e Senhor, não poderemos entrar nos céus. Há momentos em que cairemos em pecado enquanto estivermos aqui na Terra, mas se conhecermos o Senhor, não permaneceremos em pecado sem experimentar a mão de Deus nos disciplinando. Quando nos tornamos cristãos, somos mudados por dentro e os nossos desejos mudam. Nós assim mesmo cairemos, mas já que nossos desejos mudaram, não queremos permanecer no pecado.

Escreva o versículo 24, que confirma a declaração acima: _____
_____
_____

Agora leia novamente os versículos 22 e 23. Depois que somos mudados por dentro, nossas atitudes e comportamentos mudam também. Liste as coisas que então se tornam fruto do Espírito: _____
_____
_____
_____
_____

Mais uma vez, leia os versículos 22 e 23. Você percebeu o quanto o fruto do Espírito se relaciona às emoções? Isso nos leva à cura para a montanha-russa de emoções na qual tanto andamos.

De acordo com os versículos 16, 22 e 25, o que nos permitirá termos equilíbrio em nossa vida emocional? _____

Simplesmente não conseguimos manter o equilíbrio que precisamos em nossas ações ou emoções por nós mesmos. A cura está no Espírito Santo! Se permitirmos que Ele viva em nós e através de nós, e tomarmos cuidado para andar em seu Espírito, o fruto Dele será liberado em nossas ações e emoções!

Somente quando o Espírito Santo estiver enraizado profundamente em nossas vidas, teremos a firmeza de mente necessária para manter equilíbrio diário, temperança e moderação!

DIA 5 - EXERCÍCIO PRÁTICO

Diz-se que fazer uma atividade repetidamente durante 21 dias consecutivos formaria um hábito. Na tabela abaixo, anote o seu progresso todos os dias, durante 21 dias, demonstrando o fruto do Espírito em seus pensamentos e ações. A prática faz a perfeição! Forme o seu bom hábito exibindo o fruto do Espírito!

DIA	DESCRIÇÃO
1	
2	
3	
4	
5	
6	
7	
8	
9	
10	
11	
12	
13	
14	
15	
16	
17	
18	
19	
20	
21	
22	**O dia da vitória**

Semana 10
Vivendo a Vida Louca!

Pureza sexual é importante?

Tudo começou tão inocentemente.

Seu marido Bill estava trabalhando até tarde novamente e ela estava com fome. Chamou sua nova amiga e vizinha, Lucy, mas ela estava fora a negócios. Entretanto, o marido dela, Larry, estava lá e faminto também. Então, eles decidiram se encontrar para comer algo juntos. Por que os dois deveriam comer sozinhos novamente? O que tinha de mal?

Além disso, Larry compartilhava do seu amor por Jesus e, assim, ela sabia que podia confiar nele. O Larry era tão simpático e educado. Ele realmente sabia como tratar uma mulher! Ele segurava a porta para ela, fazia o pedido daquilo que ela havia requisitado, e parecia gostar de sua conversa mais do que Bill!

Bill, seu marido, era um sujeito doloroso! Parecia estar sempre muito ocupado. Estavam casados há dezenove anos e todo dia a distância entre eles crescia. Todas as coisas que costumavam apreciar um no outro parecia estar desaparecendo. A única coisa que faziam juntos era ir à igreja no domingo e mesmo assim, isso não parecia interessá-lo. Oh! Como queria que Bill fosse parecido com alguns daqueles homens da igreja que realmente amavam a Deus e queriam serví-Lo da maneira que ela também queria. Ela sabia que a única razão pela qual ele ia à igreja era em benefício dela e dos filhos.

Os filhos! Outro buraco aberto em sua vida agora! Os gêmeos nunca mais tiveram tempo para ela! Longe, na faculdade pela primeira vez, estavam abrindo as asas e os voos deles não a incluíam. Puxa vida! Ficava tudo solitário sem eles, ela passou a vida inteira cuidando deles e educando-os e agora estava tudo acabado! Puf, assim... Sua razão de viver havia ficado lá na faculdade!

Ela pensava: "Há aquele olhar na face de Larry novamente. Ele parece tão infeliz quanto eu me sinto. Acho que ele realmente sente falta de Lucy".

Oh! A Lucy tem viajado muito ultimamente? Eu sei o que você quer dizer! Bill está trabalhando demais, e além de tudo, ganha pouco! Sim, eu me sinto solitária.

Você também? Oh! Lamento. Eu não sabia que vocês dois estavam tendo problemas. Ela não gosta das mesmas coisas que você gosta? Coitadinho!

Como ela pode achar você chato, Larry? Eu adorei nosso tempo juntos! Você não é chato de jeito nenhum!

Oh! Obrigada, e sim, é um novo corte de cabelo! O Bill nem notou! Oh! não me deixe vermelhinha! Faz muito tempo que eu não escuto palavras assim!

Sim, gostaria. Seria muito bom jantar com você novamente amanhã, Larry. Bill estará viajando também, então eu estaria sozinha...

Um mês depois: - Oh, Larry, eu o amo também! Me abraça com força! O que vamos fazer? É claro que Deus não quer que nós fiquemos em nossos casamentos infelizes. O Bill e Lucy terão que entender! Nós merecemos um pouco de felicidade também!

E então, finalmente: - OH, NÃO! Os gêmeos chegaram em casa! E o que Bill está fazendo em casa tão cedo? A Lucy está com eles! Eles devem saber! Eles vão nos ver! Todos eles já sabem? O que fizemos? O que vamos fazer? Oh! Senhor, nos ajude!

E Ele já ajudou, trazendo a verdade à tona.

O cenário acima é um entre centenas que acontecem todos os dias, mesmo na vida de cristãos que genuinamente amam ao Senhor. Não há nenhum segredo a respeito de casos que prevalecem no mundo lá fora, mas muitas mulheres caíram na armadilha de pensar que elas (e seus maridos) são imunes aos casos simplesmente porque são cristãos. Isso é exatamente o que o inimigo quer que eles e você pensem.

Por favor, querida, escute e aprenda com aquilo que estudaremos neste capítulo! Reconheço que o cenário dado é um pouco exagerado, um pouco melodramático, mas, a queda da qual se fala é real! Este curso natural que o relacionamento segue é real. Eu sei, pois tenho aconselhado dezenas de mulheres que já caíram em casos parecidos, e mais ainda que estavam prestes a cair. Sempre quando uma esposa focaliza-se demais em qualquer ponto negativo no seu casamento - tal como ele trabalhar demais, como a jovem na história - ela está se fazendo vulnerável e pode cair num relacionamento com outro homem num momento de fraqueza.

Eu imploro, não caia em uma das maiores mentiras do nosso mundo hoje: a de que a pureza sexual não é importante. Como a nossa taxa altíssima de divórcio comprova, é extremamente importante. Proteja os seus filhos, seu marido, a você mesma, e os parentes e amigos, com uma resolução firme: a de não cair nessa armadilha. Principalmente proteja os filhos, pois a dor e sofrimento que causaria neles poderia durar por toda a vida.

Semana 10: Vivendo a Vida Louca!

DIA 1 - MEDITAÇÃO
ONDE TUDO COMEÇOU?

Tentação!

Oh, que palavra feia! Por causa do orgulho, a maioria de nós prefere pensar que somos imunes a ela. Nenhum de nós gosta de enfrentar logo de cara as feiúras de nossos corações, especialmente quando nós nos vemos como servos cristãos dedicados! Melhor, nós gostamos de pensar que somos gigantes espirituais a quem Satanás, o grande tentador, não pode pegar nos pecados mais "gritantes". Entretanto, para nossa tristeza, o contrário é verdade. Precisamos lembrar que até mesmo Jesus enfrentou a tentação. Ele não caiu nela, mas a enfrentou firme. Vejam meninas, não é pecado ser tentado, mas render-se à tentação é pecado!

O mesmo que tentou Jesus nos tentará também. Como venceremos? Da mesma forma de Jesus, pela Palavra de Deus, com Jesus morando em e através de nós, nos dando forças quando precisamos. O perigo vem quando não permitimos que Deus, através de Jesus, faça a Sua vontade em nós.

A primeira tentação que a mulher conheceu...

Leia Gênesis 3:1-24. Que história! Uma vez escutei uma mulher dizer que quando ela entrasse no céu a primeira coisa que faria era procurar por Eva e lhe dar um soco, estourar os miolos dela! Porém, será que devemos culpar Eva por toda essa tristeza que a primeira tentação trouxe? Afinal de contas, ela nunca havia ouvido sobre pecado, ela nunca havia visto as ruínas do pecado, ou os horrores que poderiam causar. A única coisa que ela havia visto era bondade e perfeição.

Adão deveria estar de folga, caçando, pescando ou algo assim, porque Eva estava sozinha no jardim naquele dia, e antes que alguém percebesse, aquele que tem o "papo leve" apareceu e o cenário de sedução estava feito.

Como ele era belo! Ele ficou impressionado com a inteligência dela também! Ele parecia entender que ela tinha uma mente própria e podia tomar suas próprias decisões, muito obrigado!

Ele estava até disposto a compartilhar com ela seu próprio conhecimento, sem esconder nada dela como o marido dela e Deus haviam feito! Adão havia lhe dito que Deus falara que eles não podiam comer da árvore mais bonita do jardim! Adão deveria estar escondendo dela o melhor de Deus!

O que mais ele esconderia dela?

E por que ela deveria escutá-lo? Ela era inteligente! Ela podia tomar decisões sem a ajuda dele! Mas o novo e belo amigo dela tinha-lhe contado a verdadeira história! Ele confiava nela. Ele havia confidenciado a ela. Ele estava disposto a dividir o fruto mais desejado com ela. Era ele quem estava passando tempo com ela. Onde estava Adão? Ela teria que estar andando sozinha no jardim se este belo não tivesse aparecido!

Assim que a sedução foi acontecendo. O sedutor de bom papo levou Eva a árvore proibida e mostrou que realmente parecia boa para comer. Ele a atraiu a experimentar seu saboroso bocado, que veio com o benefício adicional de conhecimento elevado!

Ela ia mostrar a Adão! Ela seria a primeira mulher com pós-graduação em "Sabedoria". Se ele tiver sorte, ela compartilharia com ele esse novo conhecimento.

Deus havia dito a ela para não comer da árvore do conhecimento, mas sem nem saber por que, ela o comeu, mesmo assim.

Você consegue se ver nessa situação? Você consegue ver como também poderia ter caído se estivesse no lugar de Eva? Você consegue ver que poderia cair dentro das mesmas circunstâncias, se amanhã um belo homem com papo bom aparecesse no seu quintal, pronto para lhe oferecer tudo o que seu coraçãozinho deseja?

Vamos olhar juntas em como ele fez isso. Como essa mulher, que viu e passou tempo com Deus todos os dias no jardim, que tinha um homem feito pelas próprias mãos de Deus para cuidar dela, caiu tão facilmente e de forma tão completa aos pés do primeiro tentador que passou pelo seu caminho? Satanás seduziu Eva em 10 maneiras. Seduziu-a:

1. com a beleza dele;
2. com suas palavras suaves;
3. com seus elogios vãos;
4. quando ela vagava longe de seu protetor;
5. quando o marido dela, seu protetor, estava ocupado com outras coisas;
6. ao questionar o amor de Deus por ela;
7. ao questionar o desejo de Deus em dar-lhe o melhor;
8. ao questionar a honestidade de Deus;
9. com bajulações;
10. com a falsa promessa que ela seria como Deus.

Eva não caiu na tentação com uma decisão de descaradamente se rebelar contra Deus; ela foi seduzida e enganada, acreditando que estava fazendo a coisa certa!

Nada mudou. Satanás ainda seduz as mulheres com o engano. Ele ainda tenta atraí-las para longe de seus maridos e de Deus, fazendo-as pensar que Deus está negando o Seu melhor para elas!

DIA 1 - EXERCÍCIO PRÁTICO

Eva escutou o cara errado e olhe o preço que pagou. Não somente custou caro a ela, mas também ao seu marido (mesmo ele tendo feito sua própria escolha também!) e aos seus filhos - um deles assassinou seu irmão, e se escondeu pelo resto da vida - e também à raça humana até o dia de hoje!

Pense sobre seu passado. Você consegue lembrar de épocas em que foi seduzida pelo inimigo, crendo em algo contrário à verdade que Deus revelou na Sua Palavra? Alguma vez você já escutou o cara errado?

Como isso afetou sua vida? Quais foram as consequências? Quantos outros a sua decisão afetou? Algumas de vocês estão sendo obrigadas a encarar lembranças que prefeririam ter esquecido para sempre, mas é muito importante para todos nós sermos capazes de aprender com nossos próprios erros. Olhar para trás pode ajudá-la a evitar que a mesma coisa aconteça novamente, e prosseguir daqui para frente se tornará mais fácil.

Você já escutou o cara errado?

DIA 2 - MEDITAÇÃO
VOCÊ NÃO ESTÁ SOZINHA!

Leia 1 Coríntios 10:1-15. Qual advertência Paulo dá aos cristãos no versículo 12? _____

Paulo sabia como seria fácil para um cristão se tornar complacente e presunçoso sobre sua condição espiritual após a sua conversão. Esse versículo foi escrito para a Igreja de Corinto, especificamente para aqueles que já haviam aceito Cristo como Senhor e Salvador.

A Igreja em Corinto era bem semelhante à Igreja de hoje. Corinto era uma cidade cosmopolitana e rica, cidade de comércio que atraíra pessoas de todas as partes do mundo. A imoralidade era um problema de proporções monstruosas e afetava a igreja tremendamente. Tentação era um grande espinho na carne das pessoas da Igreja, mas muitos deles pareciam inconscientes disso, pois Paulo teve de advertí-los que, se eles se tornassem orgulhosos na própria concepção deles, estavam num grande perigo de cair. Nós não somos diferentes, meninas! Bem quando você pensa que "chegou" espiritualmente, preste atenção! Você está madurinha para uma queda, e ninguém é mais consciente disso do que seu inimigo, Satanás!

Os versículos 1 a 4 dessa passagem voltam na história e para as oportunidades espirituais que os filhos no deserto tiveram. O que Paulo nos mostra sobre as oportunidades deles? _____
_____
_____

A todos os filhos no deserto foi dada a mesma oportunidade de experimentar Deus na vida deles. Foram ensinadas as mesmas doutrinas, dadas as mesmas bênçãos, seguiram a mesma nuvem e comeram o mesmo maná. Mesmo assim, Paulo mostra que a grande maioria deles não obedeceram, nem confiaram no Senhor, mas caíram na tentação de reclamação e adoração a outros deuses. Segundo versículo 5, quais foram as consequências das suas ações? _____

A nós, neste curso, também foi dada a oportunidade de servir a Deus. Temos sido ensinadas com as mesmas lições da Bíblia. Nós também temos que escolher: ou obedecer, ou lamentar e arrumar desculpas pela nossa desobediência.

Por que Paulo nos relembra disso nos versículos 6 e 8? _____

No versículo 6 somos advertidas que há graves consequências, e no versículo 8, podemos perceber quantas seduzidas cairão. Dentro do contexto de hoje, e a nossa chamada a sermos puros, eu vejo os vinte e três mil como casamentos quebrados, e vítimas do plano do inimigo. Que nós não sejamos uma dessas vitimas! A escolha que fazemos a respeito do versículo 6 determinará se nos tornaremos ou não um dos caídos.

Cair na tentação traz consequências que ninguém imagina que precisa arcar. Nesta semana quando olhamos a nossa chamada à pureza, nós precisamos encarar de frente o fato que se cairmos nessa área enfrentaremos consequências horríveis. Nosso inimigo já sabe disso e está mais que ansioso e disposto a fazer todo o possível para levar-nos a cair nessa área.

Ele usará sua solidão, ego ferido, falta de realização sexual, raiva, ressentimento, falta de afeto, de atenção, de elogios, de intimidades, além de qualquer ensinamento mundano que você aceitou, para derrubá-la!

Algumas de vocês podem dizer: "O que está tão errado num caso? Talvez me faça feliz. Além disso, se eu realmente tiver um caso, ninguém jamais descobrirá! Eu serei cuidadosa. Além disso, não é problema de ninguém, é meu!"

Deus saberá e Ele, minha amiga, é Aquele que trará punição para aqueles que são obstinados e não se arrependem. Sei que parece duro, meninas, mas com a atmosfera moral que vivemos hoje, é preciso e necessário olhar o monstro diretamente no olho e chamá-lo por nome. Há muito em jogo!

Outras dirão: "Eu, não! Eu nunca cairei dessa maneira! É impossível; nunca terei um caso!" Espero que você esteja certa, mas só para ter certeza, leia novamente 1 Coríntios 10:12.

Já que nenhum casamento é perfeito, devemos estar em íntima comunhão com Cristo. É a única maneira de ficarmos fortes o suficiente para lutarmos as batalhas colocadas pelo sedutor, Satanás.

1 João 4:4 promete: "Maior é Aquele que está em vós do que aquele que está no mundo."

Em João 16:33, Jesus mesmo promete: "Eu lhes disse essas coisas para que em Mim vocês tenham paz. Neste mundo vocês terão aflições, contudo, tenham ânimo! Eu venci o mundo."

Mantenha Jesus próximo e tenha cuidado quando você pensa estar em pé, para que não caia!

DIA 2 - EXERCÍCIO PRÁTICO

Identifique suas áreas de vulnerabilidade:

Todos nós temos áreas de vulnerabilidade, portanto, todos nós precisamos de um código de conduta que nos proteja e nos ajude a evitar circunstâncias que podem nos levar a cair.

Antes de definirmos nosso código de conduta como guarda contra tentação, devemos identificar aquelas áreas de vulnerabilidade que podem nos derrubar. Pense sobre sua vida e identifique as áreas nas quais você é fraca. Todas responderão diferente.

Você...

- Guarda "sobras" de atitudes mundanas em relação a sexo, fidelidade e pureza que o inimigo pode usar contra você?
- Pensa regularmente sobre outros homens, quão belos, sexy, polidos ou espertos eles são?
- Pensa regularmente que se casou com o homem errado: "Se eu tivesse me casado com alguém mais assim ou assado..."
- Pensa que seu marido não está suprindo sua necessidade de afeto, tempo de qualidade, elogios, romance, serviço, necessidades materiais, emocionais, etc.?

- Deseja uma vida de lazer mais entusiasmante fora de casa? Ir dançar, ir a festas, etc.?
- Deseja uma vida sexual mais excitante, mas seu marido não colabora?
- Sente-se traída da atenção de seu marido e seu tempo?
- Sente que não é a número 1 na vida de seu marido e ressente-se por causa disso?
- Sente-se não apreciada como esposa?
- Sente muita falta de atenção e afeto?
- Sente-se não amada e solitária?
- Sente-se insatisfeita com seu casamento?
- Sente a necessidade de atrair outros homens?
- Sente-se culpada do seu passado e pensa que vai cair novamente porque é uma pessoa péssima?
- Sente-se indigna de seu marido?
- Sente-se inadequada para fazer o seu marido feliz?
- Compara seu marido com outros homens, mesmo os da igreja que acha que são mais desejáveis que ele?
- Busca elogios de outros homens?
- Flerta com homens porque isso lhe faz sentir-se bem quando eles flertam com você?
- Veste-se para atrair outros homens além do seu marido?
- Tem outros pensamentos, sentimentos ou ações que não foram colocadas aqui, mas que você sabe a tornam vulnerável para cair?

Agora que você identificou suas áreas de vulnerabilidade, escreva sua oração de confissão a Deus por pensamentos e atitudes erradas, e peça pela proteção Dele contra o inimigo enquanto aprende nesta semana a proteger-se da tentação na sua área de comportamento fraco. _____
_____
_____
_____
_____
_____
_____
_____
_____
_____
_____
_____
_____
_____

DIA 3 - MEDITAÇÃO
POR QUE PRECISAMOS DE UM CÓDIGO?
PORQUE HÁ UM LEÃO RUGIDOR À SOLTA!

O que você sabe sobre leões? Ei, o que os leões têm a ver com a nossa pureza? Leia 1 Pedro 5:8. Quem o leão representa nessa passagem? _____
O que o leão está procurando? _____
Por quê? _____

Sim, meninas. O leão representa Satanás, que de fato, busca devorar você!

Perceba que Deus usa um leão ao invés de um urso nesta comparação. Os ursos não podem correr e se esconder como os leões. Os ursos trabalham abertamente; o trabalho do leão é secreto sempre que possível. Leões caçam na escuridão. Satanás trabalha exatamente da mesma forma, e Deus está tentando nos advertir das táticas de nosso predador.

Considere estes fatos:

- O leão é "o rei em sua floresta". O inimigo é "o príncipe deste mundo" (que é mesmo uma floresta!).
- O leão anda muitos quilômetros todos os dias, procurando pela presa mais fácil. Assim também faz Satanás.
- O leão anda em tribos, ou grupos. Satanás anda com grupos de demônios.
- O leão prefere caçar sua presa na escuridão para que ela não o veja. Satanás fica na escuridão pela mesma razão.
- O leão procura por um animal que está sozinho ou aquele que se afastou da segurança do grupo. Assim também é Satanás.
- O leão procura o mais fraco do grupo. Assim também faz Satanás.
- O leão se esconde atrás da natureza (grama, galhos, árvores, etc.). Satanás se esconde atrás de nossas necessidades e desejos naturais.
- O leão se aproxima vagarosamente da presa, e assiste cada movimento seu na escuridão. Tão logo a presa se afasta um pouco, ele ataca. O leão não precisa de muitas vantagens, assim como Satanás também não.
- Quando ele se aproxima a 30 metros, avança e ruge ferozmente. Ao se aproximar Satanás rugirá para nos assustar e amedrontar, e avança.
- O leão não derrota sua presa de uma única vez, ele o faz aos poucos. Satanás ataca aos poucos.
- Ao se aproximar, o leão segura ou tapeia o animal, derrotando-o. Satanás tentará nos derrubar.
- O leão sufoca sua presa, cortando sua fonte de vida. Satanás tentará cortar-nos de nossa fonte de vida, Deus.
- Depois da caçada o leão ruge ferozmente para que outros leões venham e se saciem de sua presa. Satanás chamará outros para celebrar os nossos fracassos, isso se ele conseguir nos derrubar.

Semana 10: Vivendo a Vida Louca!

Leia Lucas 22:31-32.

O leão ataca, e imediatamente sacode sua presa violentamente. Satanás deseja chacoalhar-nos e nos peneirar como trigo. Mas, por favor, perceba que Jesus sabe que Pedro cairá, mas também sabe que ele voltará.

O leão rugidor não está satisfeito até que ele rasgue e devore sua presa. Satanás também não se satisfaz até que ele também destrua e devore você. Não permita tal satisfação! Nessa passagem, Deus nos compara à presa do leão.

Considere os fatos:

- Quanto mais forte a presa, menos provável que o leão a atacará.
- O devaneio da presa sempre começa porque "a grama parece mais verde no outro lado". Assim também é o nosso!
- A presa se afasta de seu pai, mãe ou da proteção do grupo de outros animais semelhantes.
- Da mesma forma nós podemos nos afastar de nosso Pai Celestial, nossos pais terrenos ou um grupo de cristãos "semelhantes". Quando nos afastamos, nós também perdemos a proteção que deveríamos ter.
- A presa pensa que não é vulnerável; é por isso que ela se afasta em primeiro lugar. Muitas vezes pensamos da mesma maneira.
- A presa sempre estará mais segura se ela ficar com um grupo de animais semelhantes. Nós ficaremos mais seguros com os nossos cristãos "semelhantes".
- A presa não sabe que ela está sendo atacada até que seja muito tarde. Se não vigiarmos e orarmos, também não saberemos.
- Na maioria das vezes a presa será destruída, ou pelo menos horrivelmente ferida pelo leão, assim como nós seríamos como resultado de um ataque.

Como você pode ver, o uso do leão como exemplo é muito revelador para nos mostrar o ataque de Satanás.

Perceba também um fato muito importante: o leão comerá. Ele caçará. É um fato, vai acontecer. Algum animal insuspeito será sua presa, seu alimento hoje. Da mesma forma, algumas mulheres insuspeitas serão presa de Satanás, ou alguns de seus demônios, hoje. Cuide-se para que não seja você. Como?

Leia 1 João 4:4.

O que diz? _____

_____

_____

A pergunta é esta: Quem está em você? Jesus está em seu coração e vida? Você tem o Protetor morando em você dando-lhe direção, sabedoria e força a cada dia? Se você não tem certeza que Cristo vive em você, você pode abaixar sua cabeça agora e pedir para Ele entrar em sua vida e ser o Senhor de sua vida? Se você se afastou do Senhor, você pode pedir que Ele restaure a sua comunhão com Ele e com Sua Igreja agora?

Há muita coisa em jogo; nós precisamos fazer nossa escolha.

Meninas, de nenhuma forma quero deixá-las com medo do inimigo. Pelo contrário, se percebermos o nosso poder em Cristo, não temos o que temer, porque Deus é nosso protetor e força. É Dele que virá o socorro. Aprenderemos muito amanhã sobre como ficarmos forte e não cairmos em tentação.

Se você nunca pediu para Jesus entrar em sua vida, não gostaria de fazê-lo agora? Por que esperar outro minuto para achar paz, perdão e alegria que somente Ele pode dar? Escreva sua oração de salvação agora. _____
_____
_____
_____
_____

Se você já pediu para que Jesus fosse seu Senhor e Salvador, mas se afastou Dele e Seus ensinamentos, por que você não volta para Ele agora? Use o espaço acima, então, para escrever a sua oração de rededicação e descubra a paz que somente Ele pode dar!

DIA 3 - EXERCÍCIO PRÁTICO
DIA DE ACERTOS!

Há muitas áreas em nossas vidas onde talvez tenhamos nos afastado de nosso Senhor, Seus ensinamentos, nossos maridos e outros relacionamentos de proteção como amigos e influências cristãos.

Enquanto Deus fala ao seu coração, liste qualquer área na qual você se afastou dos ensinamentos de Deus, Seu povo, Sua igreja, Sua obra e Seus propósitos em sua vida. Liste qualquer coisa que você pode identificar como sendo uma área em que o leão rugidor possa atacá-la tão logo você lhe dê alguma brecha.

Seja específica! Liste qualquer coisa que você ache que possa não agradar ao Senhor. Lembre-se, Ele já conhece o que está em seu coração e mente, então é melhor admitir, e lidar com isto agora, antes que o inimigo ataque!

DIA 4 - MEDITAÇÃO
EU NUNCA TE TRAIREI, SENHOR!

Leia Mateus 26:31-75. Muitas vezes as nossas intenções são tão boas, porém as nossas ações acabam tão mal! Esse foi definitivamente o caso de Pedro!

Você alguma vez pensou na possibilidade de trair o Senhor? Alguma vez você pensou na possibilidade de trair o seu marido?

Você diz: "De jeito nenhum!"? A mesma coisa que Pedro. Então, o que aconteceu? O que o fez cair em tentação e trair o Senhor? Podemos aprender algo nessa história verdadeira que nos auxiliará a sermos mulheres puras de Deus?

Pedro era um homem que amava o Senhor Jesus e se sacrificou muito para servi-Lo. Ele era um jovem falante e extrovertido que atraía as pessoas a ele com seu humor e dom de papear (um dom que lhe causou problemas muitas vezes!). Ele não tinha "papas na língua" falava o que queria! Ele carregava uma grande vara, e não tinha medo de usá-la. Prova disso foi quando cortou a orelha do soldado romano quando este estava prendendo Jesus. Ele era leal e dedicado, mas o que o levou à queda é o que nos leva também: ele era guiado pelas suas emoções ao invés de pelo Espírito Santo de Deus.

Viaje comigo no tempo por um momento. Entenda o que Pedro estava passando e o que ele estava sentindo. Entre na pele dele comigo por um momento para que tentemos reviver o que ele experimentou. Imagine que você deixou os seus negócios para trás, sua família, e todas as suas posses materiais para viajar pela região com uma pessoa que muitos consideravam rebelde. Imagine ver Aquele que você seguia curando os doentes, dando visão aos cegos, ressuscitando os mortos! Imagine escutá-Lo ensinar a multidões, e depois receber Seu ensinamento pessoal a você. Imagine pegar dez cestas de restos de comida depois que Ele alimentou cinco mil pessoas com dois peixinhos e cinco pães! Você está lá para testemunhar os milagres Dele para outros e o milagre Dele toca em sua vida e de sua família.

As pessoas tentaram matá-Lo, mas até aquele momento não puderam tocá-Lo porque ainda não havia chegado a hora Dele. Açoitou os mercadores e ficou firme enquanto chamou os líderes religiosos de raça de víboras, mesmo assim ninguém O tocou. Imagine chegar à conclusão de que este homem que você está seguindo, não é outro senão o Filho de Deus.

De repente, num período de poucas horas, tudo muda! Eventos começam acontecer tão rapidamente que você não consegue entender!

Enquanto você celebra a Páscoa com Jesus, Ele insiste em lavar os seus pés! Você é quem deveria lavar os pés Dele, mas Ele não permite! Somente um servo humilde faria isso! Ele revela que um discípulo O trairá e revela quem será. Você percebe que é aquele a quem você e seus amigos confiaram o dinheiro. Como poderia ser? Você está ferido profundamente pela traição de seu amigo em quem tanto confiava, mas também o leva a amar seu Mestre ainda mais! Na ceia Ele disse que seria levado à morte, e que derramaria Seu sangue como sacrifício para o perdão de nossos pecados.

É muita coisa a ser compreendida! Depois você segue o seu Mestre ao Seu jardim favorito de oração e lá Ele lhe diz que você e os outros dez discípulos restantes falharão com Ele aquela noite, o abandonarão! É demais! Muita dor, muito medo! Não pode ser, Senhor!

"Eu não, Senhor!" Pedro declara! "Mesmo que todos caiam, tropecem, e Te abandonem, eu nunca o farei." Pedro declarou sua dedicação e que estava preparado para afirmar suas alegações! Mas o Senhor prediz, "Pedro, você me negará três vezes antes do galo cantar!"

"De jeito nenhum" diz Pedro, "De jeito nenhum!"

Levando somente Pedro, Tiago e João, agora Jesus, bem angustiado, pede: "Orem comigo! Mantenham uma vigília comigo", mas vocês todos dormiram! Repentinamente, você escuta o seu Senhor dizer: "O que Pedro? Você não consegue orar comigo uma hora?"

Eu falhei meu Senhor! Ah! Que derrota Pedro deve ter sentido!

Outra vez Jesus pede: "Por favor, vigiem e orem comigo! Orem para que vocês não caiam em tentação!" Novamente você dorme! Por quê? Porque você estava muito exausto das revelações das últimas horas! Você não entende! Você não quer enfrentar isso! Você acha que não pode acontecer! Você não abandonará o seu Senhor! No verso 45, Jesus retorna para achá-lo ainda dormindo e anuncia que Seu traidor chegou para prendê-Lo.

Pedro provavelmente pensou: O quê? Não! Isso não pode acontecer! Eu, Pedro, não deixarei que isso aconteça! Minha espada! Aquele guarda do sumo sacerdote ímpio está levando o meu Senhor! Vou pará-lo, vou matá-lo!

CORTE! Aí! Mas eu só consegui a orelha dele! O que Senhor, o Senhor está me repreendendo? Mas estava tentando protegê-Lo! Eu sei que eles poderiam ter me matado por isso, mas eu, Pedro, estou provando que não decepcionarei! Estou defendendo-O, Senhor!

Uéé.. o Senhor colocou a orelha de volta? Por quê? Por favor, não me repreenda, não na frente dos outros! Eu estou abismado; o meu espírito está machucado! Por que o Senhor me repreende?

Não estou entendendo, Senhor!

A multidão O leva embora. As tochas, os soldados, os açoites, os gritos, as ameaças! Para onde estão levando o meu Senhor? O que vai acontecer com Ele? O que vai acontecer comigo?

Essa não! A moça me reconhece! "Não," você grita, "Não O conheço!"

Como eu poderia ter feito isso? (Pedro provavelmente teve as mesmas dúvidas que nós teríamos tido. Eu sei que é verdade, pois mesmo nas nossas circunstâncias, que não são tão drásticas como as dele, é assim que pensamos).

Uma outra serva aproxima-se, e lhe pergunta a mesma coisa.

"Não, moça, não O conheço!" Pedro está pensando: O que está acontecendo com Jesus, onde estão os outros, os Seus amigos, os outros seguidores? Será que Jesus não é quem eu pensava que fosse?

O galo canta! Você negou Jesus mesmo. Três vezes! Não! Como é que isso aconteceu?!

Você consegue imaginar a angústia que Pedro sentiu nos próximos dias? Ele tinha negado ao seu Senhor! Como ele poderia ter feito isso? Ele estava tão certo, tão dedicado!

De fato, Pedro havia declarado que não negaria Jesus, mas nas circunstâncias terríveis que o cercaram, ele sucumbiu ao medo! A mesmíssima emoção que levou os filhos de Israel a caírem no deserto, também levou Pedro a cair! Novamente, vemos que emoções não controladas causam sofrimento tremendo para aquele que é vítima delas!

Leia novamente as palavras de Jesus no versículo 41. Qual foi a advertência Dele aos discípulos? _____
_____

Você percebeu que Pedro, Tiago e João reagiram como se não tivessem ouvido Jesus? Mas claro, tinham ouvido, sim; estavam bem pertinho Dele. Ele deixou bem claro o fato de que se não orassem e vigiassem, eles cairiam na tentação que viria. Muito cansados para orar, dormiram. Eles se achavam espirituais demais para caírem, que amavam muito a Jesus para se preocuparem em traí-Lo.

Muitas vezes nós, também, pensamos que sabemos mais que Jesus. Pensamos que somos espirituais demais para cairmos em pecado, porque amamos tanto Jesus!

Nós não vamos cair em adultério, pois amamos muito a Jesus e ao nosso marido. Certo?

Mas quando as tempestades da vida levam as nossas emoções para alguma situação que parece ser impossível, nós podemos também nos tornar presas ao leão rugiente de tentação.

Quando nos sentimos confusas, não amadas, não queridas, deixadas para trás, ignoradas, insatisfeitas, solitárias, desiludidas, ou simplesmente cansadas de todas as situações que a vida nos traz, ficamos fracas e temos a tendência de nos afastar justamente Daquele que pode nos fortalecer. E quando isso acontece, somos aquela presa tão desejada do leão!

Quando menos esperamos, aparece algum cara bonito e bom de papo, também solitário, que compreende você melhor que o seu marido. Ele nos conquista com romance e atenção, quando o nosso marido não faz, e BAM... lá vamos nós, caindo antes mesmo de saber o que aconteceu!

Irmãs, as circunstâncias podem levar as suas emoções a controlá-la, e fazê-la cair, se você não escutar a advertência de Jesus no verso 41.

1 Coríntios 10:13 diz: "Não sobreveio a vocês tentação que não fosse comum aos homens. E Deus é fiel; Ele não permitirá que vocês sejam tentados além do que podem suportar. Mas, quando forem tentados, Ele mesmo lhes providenciará um escape, para que o possam suportar."

Devemos vigiar e orar. Precisamos erguer uma barreira, uma fortaleza de proteção à nossa volta, para que quando estivermos fracas, cansadas, solitárias, mal compreendidas, ou insatisfeitas, já teremos este padrão de comportamento em torno de nós, e como resultado da nossa obediência, teremos a Sua proteção contra o maligno.

E tendo feito tudo, permaneceremos!

DIA 4 - EXERCÍCIO PRÁTICO
CÓDIGO DE CONDUTA DE BOM SENSO

Você precisa dar uma atenção especial a esta tarefa. Cada mulher é diferente, então cada uma terá vulnerabilidades diferentes para incluir no seu código de conduta personalizado.

Por exemplo, logo cedo no meu casamento eu já sabia que precisava de palavras de afirmação do meu marido, e seria vulnerável a elas, vindas de outras pessoas. Então, sempre que eu estiver perto de um homem que dispensa palavras bonitas e doces, sei que a respeito deste preciso ficar esperta! Não fico na companhia de um homem que exagera nisso; de fato, me sinto desconfortável na presença de um homem cujas palavras fluem como leite e mel.

Uma outra área que guardo com zelo é o meu tempo. Fiz por mim mesma uma regra de nunca ficar sozinha com um homem por mais que alguns minutos, e nunca saio sozinha com um homem, nem para almoçar. Geralmente tudo isso é inocente, mas não quero dar nenhuma brechinha para o inimigo nesta área. Tempo gasto sozinha com um homem naturalmente (olhe esta palavra de novo!) resultará numa conversa mais pessoal, e se um dos dois estiver passando por uma fase de qualquer insatisfação em casa, isso pode acabar em intimidade bem rapidinho! Se eu não gastar tempo sozinha com ele, elimino a chance de tentação. Essa forma de pensar é apenas uma rede "extra" de proteção.

Se você se derrete quando recebe presentes de um homem, então fique longe de tal criatura e estabeleça uma política firme de nunca aceitar presentes, quando oferecidos.

Se você é atraída pelo toque, cuidado com aquele tipo que está sempre achando meios de contato. Estabeleça a política de literalmente dar dois passos para trás se um homem tocar em você mais que uma vez, ou se tiver a mania de conversar bem de perto.

Se o seu fraco é aquele tipo que está sempre fazendo coisas para ajudar, cuidado com aquele que está sempre disposto! Pode ser que ele reparou na sua reação às suas bondades, e o final duma situação dessa pode ser desastrosa para você!

O importante é tomar a decisão sobre como você reagirá e, diferente de Pedro, Tiago e João, vigiar e orar para que o inimigo não tenha a chance de a devorar!

Permaneça na igreja e na Palavra com fidelidade. Se envolva com outras cristãs que têm interesses semelhantes aos seus, não se permita muito tempo livre em que ninguém saiba o que você está fazendo, nem onde está. Fique longe do tipo de filmes, revistas, programas de televisão (novelas!) que preparam a mente para ficar vulnerável à tentação (As novelas sempre ensinam que a grama do outro lado é mais verde!).

Agora, escreva o seu próprio código de conduta personalizado. Inclua tudo o que já sabe que poderá ser uma tentação para você.

_____
_____
_____
_____
_____

Semana 10: Vivendo a Vida Louca!

DIA 5 - MEDITAÇÃO
DOS CAÍDOS, O MAIS FAMOSO

Quase posso ouvir algumas de vocês dizendo: "Brenda, antes da gente gastar tanto tempo com este negócio de nos proteger, você não acha que está exagerando um pouquinho? Afinal de contas, eu dou aula na escola bíblica dominical!" (ou alguma outra posição de elite!).

Bem, vamos olhar por outro ângulo: existem pessoas na Bíblia que gozaram de relacionamentos íntimos com Deus, mas que mesmo assim, caíram na tentação. Qual é a personagem bíblica mais conhecida que caiu no adultério?

_____

Quase todo mundo responderá "Davi" a esta pergunta. Davi caiu no pecado de adultério, mesmo tendo um relacionamento muito bom com o Senhor. A Bíblia descreve Davi como sendo um homem "segundo o coração de Deus". Se um homem desse pode cair na tentação, talvez seja tempo da gente levar a sério esta possibilidade para nós, também. Se nós não nos protegermos, certamente poderá acontecer conosco. É evidente que o poder da oração é a nossa melhor defesa.

Leia 2 Samuel 11:1-5 e 12:1-13. Quando estudamos a história da sua queda, descobrimos que Daví estava numa fase meio "devagar" da sua vida. Ele havia enviado o seu exército à guerra, mas não foi junto, como era costume. Por isso ele se encontrava com tempo de sobra. Quem sabe o que ele estava passando naquele momento da sua vida? Talvez estivesse apenas sem o que fazer, talvez estivesse chateado com alguma coisa, ou talvez estivesse se sentindo satisfeito com as suas vitórias e com o seu reino, e o orgulho entrou em ação. Ou talvez, já que estava com uma certa idade, estivesse passando pela tal de crise da meia-idade. Quem sabe? De qualquer jeito, independente da situação, ele se permitiu ser arrastado pela tentação, e caiu sem nenhuma resistência!

Já ouvimos muitas opiniões sobre o que poderia ter levado Davi a esta queda, mas quanto já ouvimos sobre a queda de Bate-Seba? Ela também caiu e também teve seus motivos. Mas seja qual for o motivo dos dois, o fato é que caíram na tentação e os dois tiveram que pagar as consequências.

Bate-Seba era judia, mas por qualquer motivo, havia se casado com um heteu. Normalmente um heteu não seria um adorador do Deus verdadeiro e vivo, mas sabemos que este homem era. O nome dele, Urias, é hebraico, e significa "O Senhor é a minha luz".

Naquela época, eram os pais que arrumavam os casamentos. O pai da Bate-Seba e o próprio Urias eram homens valentes de Davi, então talvez tenham sido dados em casamento por motivos políticos. Talvez ela tenha casado com ele contra a sua vontade.

Sendo Urias um homem valente do exército de Davi, ele se ausentava de casa por longos períodos. Talvez ela tenha caído devido ao sentimento de solidão.

Mesmo sendo uma mulher casada, ela não tinha filhos. Mulheres sem filhos naquela época eram ridicularizadas; talvez ela tenha caído devido ao sentimento de tristeza.

Davi era rei. De acordo com tudo o que sabemos dele, ele era bonito, e tinha uma personalidade que atraía a admiração das mulheres. Talvez ela não tenha resistido ao seu charme, sua beleza, ou seu poder. Falando nisso, sobre "seu poder", talvez ela tivesse medo de dizer "não", embora eu ache isso improvável, dado ao tipo de homem sensível, segundo o coração de Deus, que ele era.

Eles moravam próximos um do outro, e talvez tivessem ligações políticas, e provavelmente já tinham se visto, embora Davi não soubesse o seu nome. Quem sabe, se até tiveram uma atração mútua durante um tempo, que não foi contada.

Existem tantas possibilidades de desculpas, mas nenhuma dessas livrou-os das consequências. O ponto que quero chegar é este: TODOS que caem neste pecado têm sempre uma desculpa. Mesmo com alguma história triste a contar, não são justificados diante de Deus por causa dela.

As boas novas são que, tanto Davi como Bate-Seba se arrependeram. 2 Samuel 12:13-22 descreve o arrependimento dele com detalhes. Tão completo foi o perdão de Deus, que Ele o denominou "um homem segundo o coração de Deus". E sabemos que Bate-Seba se arrependeu, pois ela criou seu filho Salomão para servir ao Senhor!

O perdão de Deus é tão completo, que Ele não leva mais em conta o pecado. Tanto assim, que Ele permitiu que ela fizesse parte da linhagem de Cristo! Muitas mulheres que caíram neste pecado pensam que Deus jamais poderia perdoá-las. Mas Deus, através do Seu Filho, Jesus Cristo, perdoa todos que chegam a Ele em arrependimento!

Isaías 1:18-20 diz: "Venham, vamos refletir juntos, diz o Senhor. Embora os seus pecados sejam vermelhos como escarlate, eles se tornarão brancos como a neve; embora sejam rubros como púrpura, como a lã se tornarão. Se vocês estiverem dispostos a obedecer, comerão os melhores frutos desta terra; mas, se resistirem e se rebelarem, serão devorados pela espada. Pois o Senhor é quem fala!"

Já que os motivos não constam nas Escrituras, não sabemos o que ocasionou a Davi e Bete-Seba caírem, mas três coisas sabemos:

1) O dois foram tentados pelo leão rugidor, e caíram diante das táticas sedutoras dele.
2) Mesmo tendo se arrependido, e recebido o perdão pleno de Deus, os dois tiveram que viver com as consequências do seu pecado, que durou o resto das suas vidas.
3) O seu pecado afetou muitas e muitas pessoas. A casa de Davi nunca mais teve paz.

Nosso pecado também afeta os nossos lares. Nossos maridos, nossos filhos, nossos pais, nossos amigos, nossas igrejas, e nossos vizinhos são todos grandemente afetados quando caímos. Vejam que o preço é alto demais! Tomemos providência antes que seja tarde!

DIA 5 - EXERCÍCIO PRÁTICO

Algo que percebi sobre Davi foi que após a morte de Jônatas, ele não tinha ninguém que o cobrasse nas suas atitudes. Ele era o "chefão", e ninguém queria confrontá-lo com honestidade exceto Natã, o profeta, que infelizmente só fez isso após o fato.

Notei que havia várias pessoas que poderiam ter tentado desencorajar Davi antes do fato, se tivessem tido coragem, e também este tipo de relacionamento que permitiria cobrança mútua na área espiritual.

1) Primeiro, houve um informante, aquele a quem Davi perguntou sobre ela quando a viu do telhado aquela noite.
2) Depois houve os mensageiros (vários) que ele mandou para trazê-la a ele.
3) Houve também Joabe, que seguiu as ordens de Davi para que Urias fosse colocado na linha de frente com o propósito expresso de ser morto.

Um parceiro, com o qual Davi poderia ter tido um acordo mútuo de confidência, poderia ter evitado esta situação desastrosa.

Nosso curso é construído sob o princípio de Tito 2:3-5, onde vemos que as mulheres mais velhas devem ensinar as mais jovens. Também podemos dizer que as mulheres mais velhas devem ser mentoras das mais jovens. Ter uma parceira, uma que seja experimentada em piedade e sabedoria, é ter uma mentora espiritual.

O exercício de hoje é começar a orar por sabedoria de Deus, e a direção Dele, para achar esta mentora espiritual. Quem sabe, talvez esta pessoa que Deus tem para você esteja bem ao seu lado neste curso!

Ore e peça a Deus que lhe mostre quem Ele colocaria como sua mentora e parceira. Escreva um nome se Deus o colocar em seu coração.
_____

Se você tem certeza, chame-a agora. Assim que você a chamar documente a chamada aqui. _____

Minha mentora espiritual é _____ e nos encontraremos ou conversaremos ao telefone pelo menos uma vez por semana.

Assinado:_____

Semana 11
Pastando no Tapete para Achar um Lanche
Você é chamada para ser uma executiva de alto padrão

Qual é a melhor marca de aspirador de pó do mundo? Electrolux? Walita? Arno?

Não, há marcas muito melhores que estas! Você nunca ouviu falar? A número 1, melhor do mundo inteiro, é uma criança de 14 meses! Essa sim! Essa garotinha pode achar uma bolacha embaixo da cama a vinte passos!

No outro dia, eu estava colocando o cão para fora, e minha neta estava implorando por um lanche e, antes que eu soubesse, estava sentadinha na sua cadeirinha, toda contente, dizendo: "Que gostoso, Vovó. Posso pegar outra"?

Acho que ela estava pastando no tapete e achou um lanche. O triste é que eu não tenho a mínima idéia do que era tão delicioso! Talvez fosse um biscoito de cachorro, quem sabe?

Que bom que ela não estava visitando o apartamento da minha amiga, Stacy. Se ela pastasse na geladeira dela, ela encontraria coisinhas verdes. Para ela poderia parecer hortaliças verdes. O negócio poderia ficar feio.

Nunca vou esquecer a vez que o meu filho Davi, de 18 meses, teve um vírus daqueles, e a coisa ficou feia. O pobre coitado estava vomitando dos dois lados, e eu tinha acabado de retirar a fralda horripilante e limpado-o todo, colocado talco no seu bumbum, e ido até o outro lado do quarto pegar uma fralda nova. Enquanto isso, ele ficou de pé no berço, estendeu seus bracinhos na direção da mamãe, e teve outra explosão. Em todo o berço. Em todo o chão ao redor do berço. Em toda a parede atrás do berço. Acho que vi partes no teto. Não era bonito e não fiquei feliz. Davi também não. Até que percebeu que aquilo podia ser utilizado como uma massa de modelar sensacional!

Ah! As alegrias da maternidade. Minha nora ligou para mim outro dia para me informar que meu neto de 20 meses, Mason, tinha seguido os pássos de seu tio, Davi. Ela também não estava feliz. Mas ela conseguiu rir um pouco porque sabia que tinha acontecido comigo também. Já aconteceu com você também, não é?

O trabalho de casa a vence? Não importa o quanto você tente, nunca está em dia? Algo sempre sendo derrubado, migalhas em todo canto, coisas verdes crescendo na cafeteira?

Bem, não tem que ser assim tão ruim!

Houve uma senhora idosa, há muito tempo, que deixou um bom exemplo de como poderemos ser uma boa "dona em casa".

Se ela conseguiu, nós também podemos!

DIA 1 - MEDITAÇÃO
O DESAFIO

Leia Tito 2:5. Nesta semana, nós chegamos na parte do versículo que nos ensina a sermos "encarregadas" em casa.

O dicionário Webster define uma encarregada como "aquela que guarda, uma protetora, que tem custódia, um dos vários dispositivos para manter algo em posição, com bom gosto, conformidade e em boa decoração".

Surpreendentemente, desta vez o Webster (referência em dicionário nos EUA) concorda com a definição bíblica do que acarreta ser uma encarregada em casa.

A maioria das senhoras automaticamente pensará no trabalho de casa, roupas sujas, preparar refeições, organizar a casa e assim por diante. Enquanto essa é uma imagem verdadeira de encarregada da casa, é parcial; há uma outra descrição importante que muitas vezes passa despercebida, que eu quero discutir primeiro.

Nesse contexto, a responsabilidade dos encarregados é muito semelhante à do porteiro. Pense sobre o que um porteiro faz. Ele é o encarregado do prédio, o guarda da porta. Ele vigia e aprova tudo e todos que passam pela porta, dentro ou fora. O carteiro, o entregador, o visitante, o inquilino, os empregados, todos têm que conseguir a aprovação do porteiro para poderem entrar.

Você é a encarregada de sua casa, e uma de suas funções como encarregada é vigiar e aprovar tudo que entra e sai de sua casa. Deve verificar se existe algo que pode ser perigoso às pessoas que habitam ali. É sua responsabilidade para verificar que somente coisas boas e edificantes entrem em seus portões!

Por exemplo, tenho certeza que nenhuma mulher aqui convidaria um assassino ou ladrão, pornografia ou violência para entrar em suas casas; mesmo assim, se não forem cuidadosas, isto é exatamente o que acontece através de muitos filmes e shows da TV.

Nós, como mulheres, precisamos ter cuidado para que nada que entre em nosso lar contradiga os ensinamentos de Deus. Precisamos proteger-nos para que nada que adentre cause devastação em qualquer membro da família. Precisamos proteger nossos lares contra a intrusão do mundo de alguma forma que poderá confundir ou arrastar os membros da família.

DIA 1 - EXERCÍCIO PRÁTICO

Leia 1 Coríntios 14:33. Quando nosso lar está em um estado de confusão, Deus não é o autor dela! Quando nosso lar está em um estado de confusão, então, nós, como encarregadas, não estamos guardando a porta.

Você consegue pensar em algo que entrou em sua casa que possivelmente causaria confusão nas mentes e corações daqueles que moram lá?

Ore e peça a Deus que revele algo que foi previamente permitido a adentrar os portões de sua casa, que possa ter causado ferida espiritual em sua família. Expresse seus pensamentos aqui em oração a Deus e descreva suas conclusões. _____

_____
_____
_____
_____
_____

DIA 2 - MEDITAÇÃO
ALTA EXECUTIVA DO LAR

Leia 1 Timóteo 5:14. De acordo com este versículo, quais são algumas responsabilidades importantes da mulher? _____

_____

Esta é mais uma confirmação que Deus quer que as mulheres dirijam ou gerenciem, ou se encarreguem da casa. Com isso em mente, vamos olhar o que é esperado de uma encarregada, ou gerente do lar.

A primeira coisa e a mais importante que uma encarregada deve fazer é administrar o que ela está guardando, ou caos e confusão irão prevalecer no local. Como vimos ontem, onde a confusão reina, Deus não está reinando!

Muitas vezes, nós como esposas e mães, subestimamos a importância de nossa carreira como Chefa Executiva do LAR & CIA!

Essa declaração sobre a importância da mulher cristã no lar vem do Comentário de Liberdade da Bíblia KJV: A encarregada no lar significa "trabalhar em casa". Paulo não é machista aqui, mas está falando de como Deus ordenou que as mulheres trabalhassem em casa, não como servas ou escravas. A boa manutenção de uma casa não é humilhante; de fato, não há chamada maior. Todo homem conhece o poder transformador de uma mulher amável e piedosa no seu lar. Sua influência é sentida em uma instituição muito maior do que um banco ou escritório, quando ela influencia o seu lar e seus filhos para Deus.

Leia Provérbios 31:10-31. Como você o entendeu, escreva uma breve descrição daqueles versículos que listam as responsabilidades de uma encarregada ou gerente de um lar. _____

_____
_____
_____
_____

Vamos olhar de outra forma. Estamos nesse estudo sobre viver num zoológico, correto? Bem, pense sobre as responsabilidades de um encarregado de zoológico:

1) Ele precisa observar quem entra e sai dos portões da frente do zoológico, correto? Talvez não seja ele mesmo que receba os ingressos, mas precisa administrar quem faz isso para que nenhum perigo entre e possa atingir os animais.
2) Ele é responsável por verificar se os animais estão bem alimentados. Novamente, ele não tem que preparar todas as refeições, mas tem que ter alguém responsável que esteja a cargo disso.
3) Ele precisa observar o que acontece dentro dos portões do zoológico, para que nada prejudicial aconteça com os animais (senão, alguns animais serão o jantar de outros!).
4) Ele precisa verificar a saúde dos animais.
5) Precisa verificar se as jaulas dos animais estão limpas: pela questão da saúde do animal, e para que os visitantes possam se divertir durante a visita.
6) Precisa verificar a decoração do zoológico: chão com grama ou pedras, chão de concreto ou arenoso?
7) Ele precisa ter certeza que há suprimentos suficientes em mãos para cuidar dos animais em caso de emergência.
8) Precisa ter certeza que há suprimentos em mãos para entreter os visitantes famintos.
9) Precisa ter certeza que os solos estão livres de lixo e detritos que possam machucar os animais, assim como os visitantes.
10) Ele precisa comprar sabiamente e conseguir as melhores ofertas para que o zoológico tenha recursos financeiros para o futuro.
11) Ele deve buscar a cooperação de todos que moram e trabalham no zoológico para que tudo corra bem.

Às vezes, o mundo faz você sentir que sua posição como encarregada da casa não é tão importante, ou até humilhante? Não acredite no mundo!

Acredite em Deus! Ele ordenou que a mulher fosse a encarregada do lar e do portão, a administradora, e a organizadora, para que tudo refletisse a paz e a graça de Deus para a família. O ambiente pacífico de um lar de Deus é buscado como um abrigo durante uma tempestade! É onde a família pode se reunir para recarregar as baterias, e achar amor e comunhão em um mundo frio e escuro!

DIA 2 - EXERCÍCIO PRÁTICO

Uma das coisas que leva um lar ao estado de confusão é a desorganização. Com tanta falta de tempo em nossa vida, muitas vezes permitimos que locais "por trás da cena" se tornem demasiadamente atravancados com porcarias que poderíamos guardar no porão ou até mesmo jogar no lixo. Os objetos que precisamos no cotidiano ficam amontoados com as porcarias e aí é quando todos começam a gritar com a mamãe porque não conseguem achar nada.

Quais são os três locais de sua casa que mais precisam de organização?
1._____
2._____
3._____

Agora, como tarefa de hoje, ataque tudo o que der nessas três locais. Se seus filhos tiverem idade o suficiente, solicite ajuda. Faça um jogo, prometa-lhes algo divertido e especial em troca da ajuda, planeje uma festinha como celebração, mas faça o trabalho! Elogie a ajuda deles para seu marido e faça-o na frente deles. Ficará surpresa de como você se sentirá no final do dia, e como as crianças se sentirão orgulhosas por terem ajudado!

DIAS 3 E 4 - MEDITAÇÃO
DESCOBRINDO AS RESPONSABILIDADES

Leia Provérbios 31:10-31. Este exercício provavelmente levará dois dias, por ser um pouco mais longo.

Não existem dúvidas! Esta mulher de Provérbios 31 é uma alta executiva do lar! Só ao ler os versos descrevendo os trabalhos dela, fará a maioria de nós ficar exaustas, e se pararmos para analisar, a vida dela era muito mais do que exaustiva. Era produtiva, criativa, interessante, desafiadora e isso trazia infinitos benefícios.

Se quisermos nos tornar esta mulher em nossas próprias vidas, precisamos entender que há certas atitudes e ações que precisam estar presentes em nossas vidas para que esta realização se torne frutífera.

Sua lição de casa para hoje e amanhã consistirá na análise de Provérbios capítulo 31, e no quadro seguinte, anote qual versículo é a referência para cada responsabilidade e atitude que caracterizou sua vida. Essas atitudes e ações permitiram que ela fosse um exemplo para todas as gerações, como uma mulher valiosa, bem-sucedida e honrosa.

Ao estudar sobre este modelo maravilhoso que Deus nos deu nessa passagem, lembre-se que ela descreve todo o período de sua vida. Esta mulher não fez todas essas coisas em todos os dias de sua vida. Você recorda das estações de vida que estudamos na Lição 1? Mantenha a sua estação de vida na mente ao estudar essa passagem. Quando eu era uma jovem mãe cristã, e lia essa passagem, pensava que ela havia feito todas essas coisas durante todos os dias de vida dela. Eu passei muitos anos tentando fazer isso, sem sucesso.

Semana 11: Pastando no Tapete para Achar um Lanche

O objetivo dessa passagem não é desencorajá-la por causa de todas as coisas que não consegue fazer hoje, mas sim, encorajá-la através de um modelo que Deus mesmo nos trouxe. Claro, ela é uma senhora incrível, mas ao seguir o exemplo dela, eu realizarei muito mais em minha vida, do que se não seguisse o exemplo dela. É muito melhor atirar para as estrelas e acertar a lua, do que nem ter um alvo!

Deixe que o Espírito Santo seja o seu guia quando você colocar como prioridade aquelas coisas que são mais importantes nesta sua estação de vida. Quando decidir sobre o que é ou não importante, lembre-se de colocar maior prioridade nas coisas de valor eterno.

Olhe o quadro abaixo e escreva a referência correspondente a cada ação e atitude da mulher de Provérbios 31:

O que ela faz	Sua atitude	Versículo
Cerca-se com força (oração e estudo bíblico)	Dependência em Deus	
Diligente em trabalhos (mantém o horário a ser seguido)	Alegria/regozija-se em seu trabalho	
É fiel (espiritualmente e moralmente)	Lealdade e respeito	
Fala bem de seu marido	Amor e perdão	
Compra sabiamente (é econômica)	Gratidão	
Dá a outros	Generosidade	
Mantém vigilância sobre sua casa	Diligência	
Faz refeições nutritivas	Cuidado	
Prepara-se antecipadamente para tempos difíceis	Discernimento	
Fala com sabedoria	Confiança e mansidão	
Contribui nas finanças	Colaboradora	
Cuida-se (veste-se bem com modéstia e estilo)	Preocupação com as necessidades de seu marido	
Mantém seu corpo em forma	Agradecida pela saúde	
Providencia vestuário para a família	Cuidado e responsabilidade	

DIA 3 - EXERCÍCIO PRÁTICO

Quantas vezes você acaba comendo fora ou pedindo entrega porque esqueceu-se de tirar algo do freezer?

Hoje, sente-se e planeje seus cardápios para o resto dessa semana. Escreva-os e depois faça uma lista de compras de todos os ingredientes que precisará e que não tem em mãos. Se possível, vá ao mercado hoje e compre-os para que você tenha tudo de antemão.

Dessa maneira, estará preparada para o resto da semana, e não terá que pensar sobre isto novamente. Uma coisa a menos para se preocupar não faz mal neste estilo de vida "zoológico" em que você vive, correto?

A seguir, coloque o alarme para tocar todos os dias no mesmo horário para ajudá-la a se lembrar de que você precisa tirar do freezer aquilo que necessite para o jantar. Então, pode fazer suas coisas sem ter que aborrecer-se com aquela velha pergunta das mães em qualquer lugar: "Ei, mãe, o que tem para o jantar?"

Talvez agora você até mesmo possa ter um pouco mais de tranquilidade, um tempinho somente para você! Ou, talvez não, mas você se sentirá muito melhor sabendo que o jantar já está planejado com antecedência.

DIA 4 - EXERCÍCIO PRÁTICO

Você às vezes se pergunta se uma catástrofe nuclear aconteceu em sua área de serviço? Parece que suas roupas sujas se multiplicaram de madrugada? Às vezes você sente que está dentro da máquina de lavar e que ela estancou no ciclo de centrifugação?

Com três garotinhos, todos envolvidos em um esporte após o outro, eu certamente já me senti assim! Às vezes me perguntava de que parte do mundo vinham todas aquelas roupas sujas, principalmente porque não importava quantas vezes eu as lavava, elas ainda pareciam o personagem Cascão, vindo direto da Turma da Mônica!

Muitas vezes, uma das razões para que isso aconteça é porque não lavamos pelo menos uma máquina de roupa por dia. É fácil deixar a roupa suja de lado quando se tem 20 geniozinhos gritando com você para fazer dez mil coisas mais importantes do que lavar meias sujas. (E falando nisso, de onde vêm todas essas meias sem pares? Acho que a máquina as engole como almoço, jantar, lanche, seja o que for! Creio que realmente existe um céu para as meias em algum lugar!)

A sua roupa suja está acumulada agora? Se a resposta for afirmativa, aproveite hoje para ficar em dia com todo aquele encardimento estampado naqueles vestidinhos. Novamente, se precisa de ajuda, pegue aqueles "geniozinhos gritantes" que estão sempre pedindo ajuda para você. Até mesmo uma criança de 3 anos pode dobrar toalhas; e é bom que aprenda. Vai gostar de ajudar a mamãe, e é um bom jeito de ensiná-la a ter responsabilidade. Não se preocupe se as toalhas estão todas dobradas de forma engraçada; essa parte não importa. Elas ficarão sujas hoje à noite novamente, de qualquer forma!

Algumas coisas são importantes e outras não, então aprenda a não dar duro por coisas pequenas! Há muitos trabalhos em que os pequeninos podem ajudar, não importando se é feito com perfeição.

Minhas netas de 4 e 7 anos amam me ajudar com as roupas sujas, cozinhar, lavar as louças e até mesmo aspirar o pó. Para elas, é o tempo de qualidade "juntas" com a vovó. Eu também amo isso porque estão construindo muitas lembranças afetivas para o futuro. Meus netos amam ajudar também. Admita-se, eles fazem melhor algumas coisas do que outras, mas e daí? Ainda assim, ficam radiantes quando Papai Tom chega do trabalho e eles lhe mostram suas obras. Ele tem um cuidado especial em elogiá-los e às vezes lhes oferece até um prêmio por ajudar a Vovó com todo o trabalho! Ele ri quando come uma sobremesa e acha um pedacinho de casca de ovo dentro, ou quando pega uma toalha com uma bola que foi embrulhada junto!

DIA 5 - MEDITAÇÃO
AH, QUE MULHER!

Novamente, leia Provérbios 31:10-31. Você a acha um tanto inatingível como modelo a ser seguido?

Lembrem-se, garotas: Ela não fazia todas essas coisas todos os dias! A sua lista de "afazeres" levou a vida inteira para se realizar! Quando isto foi escrito, ela já havia passado por todas as estações de vida e havia alcançado sucesso por trabalhar em cada estação, cada uma a seu tempo. Você pode ter certeza que as atividades dela em lidar com imobiliária e negócios não aconteceram na mesma época que ela cuidava de filhos pequenos!

Você já se perguntou: "Quem é esta Mulher Maravilha que faz me sentir tão incapacitada?"

Leia o livro de Rute, capítulos 1-4. Esta é a história incrível de uma jovem determinada em servir a Deus, não importando quais sacrifícios teria que fazer, e Deus ricamente recompensou a sua dedicação! Eu poderia passar seis meses só neste livro, principalmente por ser um de meus favoritos! Já que não posso fazer isso, gostaria de compartilhar algo que foi muito intrigante para mim, quando escutei há dois anos atrás, enquanto estudava esse livro com profundidade.

Por muitos anos, teólogos têm pensado que a identidade da mulher de Provérbios 31 era Rute, que se casara com Boaz. Gostaria de compartilhar uma nota especial de rodapé da Bíblia de Estudo McArthur a respeito de Rute ser a mulher de Provérbios 31, e eu copio:

"A esposa virtuosa de Provérbios 31:10 personificada pela "virtuosa" Rute, da qual a mesma palavra hebraica é usada (Rute 3:11). Com um paralelo surpreendente, elas compartilham no mínimo oito traços característicos (veja abaixo). Muitos teólogos questionam (concernentes à tradição judaica) se a mãe do rei Lemuel pode ter sido Bate-Seba, e que ela oralmente passou a herança familiar da fama impecável de Rute para o filho de Davi, Salomão. Então Lemuel, que significa "devoto a Deus", pode ter sido um nome de família para Salomão (cf Jededias, 2 Samuel 12:25), que então teria escrito Provérbios 31:10-31, com Rute em mente.

Semana 11: Pastando no Tapete para Achar um Lanche

As duas eram:
- ✓ *Devotadas à sua família (Rute 1:15-18; Provérbios 31:10-12,23)*
- ✓ *Deleitavam no seu trabalho (Rute 2:2; Provérbios 31:13)*
- ✓ *Diligentes em seu trabalho (Rute 2:7,17,23; Provérbios 31:14-18,19,21,24,27)*
- ✓ *Cuidadosas ao falar (Rute 2:10 -13; Provérbios 31:26)*
- ✓ *Dependentes de Deus (Rute 2:12; Provérbios 31:25b,30)*
- ✓ *Vestiam-se com cuidado (Rute 3:3; Provérbios 31:22,25 a)*
- ✓ *Discretas com homens (Rute 3:6-13; Provérbios 31:1,12,23)*
- ✓ *Abençoadoras (Rute 4:14,15; Provérbios 31:28,29,31)."*

Que legado maravilhoso, meninas! Ao lerem sobre a história de Rute, espero que vocês tenham percebido:
- A coragem dela.
- A forte lealdade dela para com Deus e sua família.
- A atitude dela de gratidão.
- A disponibilidade dela de trabalhar duro, sem reclamação.
- A recusa dela em lamentar-se, mesmo diante do trabalho difícil, tedioso e duro.
- Seu espírito dócil.
- A atitude ousada, porém discreta com Boaz.
- Sua disposição em seguir com fé a orientação de uma mentora mais velha e mais sábia, mesmo sendo sua sogra.
- A inteligência dela.
- Sua disposição em mostrar o seu melhor e se tornar atraente.
- Sua disposição em sair do único lar que ela conhecia para seguir o plano de Deus para a vida dela.
- Sua fidelidade até o final de sua vida.
- O amor e admiração que ganhou de todos os que a encontravam.

Espero que possamos "absorver" muito do exemplo de Rute como mulher muito mais valiosa que rubis! Assim, um dia também ouviremos as palavras: "Os filhos dela cresceram e a chamaram de bendita, e o seu marido também!"

DIA 5 - EXERCÍCIO PRÁTICO

Olhe ao seu redor. Seus filhos poderiam "pastar no tapete" e encontrar um lanche hoje?

Se assim for, pegue o aspirador (não, não as crianças, o verdadeiro!) e limpe a casa para o final de semana. Lave a sujeira verde da cafeteira, deixe brilhando o revestimento do banheiro, e jogue fora as sobras do domingo passado que ficaram na geladeira!

Finja que vai receber visitas para o fim de semana, e faça aquela faxina pela casa que deixa tudo tão cheiroso!

Você ficou em dia com a roupa ontem, não foi? Seus cardápios estão planejados, fez compras de supermercado dois dias atrás e seu guarda-roupa está arrumadinho, bem.... mais ou menos! Faça a limpeza da casa hoje, e sabe o que poderá fazer amanhã?

Divirta-se! Vá ao shopping; ou ao cinema, ou a um jogo de futebol, talvez? Qualquer coisa. Saia de casa e divirta-se. Talvez o maridão fique tão satisfeito com todos os seus feitos essa semana, que declare o sábado à noite como "noite de namoro!"

Que seja... tenha um grande final de semana! E não se esqueça de estar na casa do Senhor no domingo!

Semana 12
Senhor, Sou tão Esperta quanto Ele, por que Ele tem que Ser o Chefe?

Submissa a quem??

Você já sentiu alguma vez que ser submissa é um pouco como ser um capacho e não ter opiniões próprias?

Significa que seu marido, que pensa que sabe de tudo, realmente sabe de tudo? Significa que você é impotente nessa vida?

"De jeito nenhum", você diz, "Essa coisa toda foi só uma maneira que algum homem inventou, para que os homens pudessem controlar as mulheres para os seus próprios propósitos egoístas, e eu, por mim, não estou aceitando! Sou tão esperta quanto ele!"

Você pode ter educação acadêmcia, e ele não. Pode sentir que tem mais bom senso que ele, e mesmo assim, ele estará acima de você só porque é macho?

"Agora, Senhor, onde está a justiça em tudo isso? Certamente, o Senhor não espera que eu me subordine a esse homem?"

"É um novo século! É 2008 d.C. e não, 2008 a.C.! Nós mulheres, ganhamos nossos direitos! Queimamos nossos sutiãs. Estamos livres do cativeiro da dominação masculina!"

"Valho muito mais para este velho mundo do que ficar em casa e fazê-lo rei do castelo! Posso fazer muito mais do que fazer a comida dele, lavar as roupas, e limpar os narizes dos filhos dele!"

"Posso desenvolver-me tão bem em um escritório quanto na cozinha!"

Eu sou uma mulher; escute-me rugir!

Bem, meninas, nós mulheres temos rugido por um tempão. Agora então, onde estão todas as recompensas e sucessos que esta independência do homem deveria trazer?

Quanto às recompensas, acho que tenho uma boa lista delas:

- Temos agora um índice de divórcio de 52%, mesmo entre cristãos. Então acho que muitas mulheres realmente se tornaram bem-sucedidas ao serem independentes. Se estamos tão felizes em sermos independentes, diga-me por que a maioria das mulheres mal pode esperar para encontrar o segundo marido?
- Mais crianças que encontram a casa vazia após a escola e ao invés de encontrar a mãe à porta, também encontram muitos problemas.
- As mulheres estão mais solitárias e insatisfeitas do que nunca.
- Ao tentar fazer tudo por si mesma, sentimentos de incapacidade são maiores do que nunca.
- Vemos mais instabilidade emocional do que nunca na história.
- Mais do que nunca, crianças estão crescendo sem vínculos emocionais com os pais e com mais raiva e ressentimentos por eles.

Quanto aos "sucessos":

Semana 12: Senhor, Sou tão Esperta quanto Ele, por que Ele tem que Ser o Chefe?

- Mais filhos estão tendo sucesso em fugir de casa.
- Mais crianças e jovens estão nas drogas.
- Há mais gravidez de adolescentes.
- Temos mais posses materiais do que nunca, porém menos tempo para aproveitá-las.
- Vemos mais do que nunca, doenças relacionadas ao estresse, tanto em crianças quanto em adultos.
- Incidentes com mulheres sofrendo ataques do coração têm aumentado astronomicamente, mesmo tendo nós mais cuidado na área de saúde do que nunca. Ataques cardíacos são a causa número 1 de morte entre as mulheres hoje.
- Estamos vendo mais violência de crianças e adultos.
- Nossas prisões estão incrivelmente lotadas.
- Etc. etc. etc.

Já entendeu. Algo está errado e tem levado o lar a desmoronar e partir-se. Se fosse uma corporação, perguntaríamos: "Quem está na chefia aqui?" Iríamos querer novos gerentes e um novo plano. Provavelmente olharíamos para trás, quando as coisas eram melhores e faríamos de tudo para iniciarmos mudanças imediatamente. Então, se olharmos os lares do nosso país, deveríamos dizer: "Quem está na chefia?"

Na maioria das casas, quem está na chefia? A mãe está. Não é o pai, nem Deus! Por quê? Porque muitas vezes nós mulheres pensamos que podemos fazer tudo melhor, mais rápido, por mais tempo, e com mais inteligência do que qualquer outro. Desejamos estar no controle porque pensamos que somos melhores que o homem - qualquer homem - ao direcionar um lar e família.

Então, tiramos as rédeas, fizemos pouco caso da masculinidade, conduzimos a nossa família e nós mesmas, direto ao desastre!

Para que nossas famílias sobrevivam, nós, como mulheres, precisamos retornar ao único caminho que realmente funciona, o caminho de Deus. Precisamos perceber que nós nem sempre temos todas as respostas. Às vezes, tomamos as decisões erradas também.

Precisamos diminuir o rugido para que possamos ouvir a voz do Todo-Poderoso quando Ele tenta nos ensinar o caminho melhor. De fato, é o mesmo caminho que tem ensinado por milhares de anos.

Agora, meninas, antes que vocês se contorçam e joguem este livro pela porta, deixem-me terminar minha pequena tirada aqui! É claro que muitas coisas são melhores para as mulheres do que em algumas décadas atrás. Podemos avançar no trabalho e carreira; podemos escolher profissões que eram antes consideradas exclusivas aos homens; podemos usar nossos talentos de maneiras que antes as mulheres só sonhavam; e estou feliz por este tipo de oportunidade para o gênero feminino. De fato, se as coisas não tivessem mudado, eu provavelmente nunca teria permissão para escrever este livro, muito menos para viajar e ensinar grupos de mulheres.

Sou a favor da liberdade e oportunidade que experimentamos como mulheres. Só que, creio que há uma maneira correta e uma errada de aproveitar dessa liberdade e oportunidade. Quando nossas famílias, como resultado da nossa liberdade, saem perdendo, é tempo de acordar do entorpecimento das influências do mundo para usarmos o bom senso que o Senhor nos deu para refletirmos sobre o que estamos fazendo.

Sabe por que a maioria de nós reage tão fortemente a essa questão? São as próprias palavras OBEDECER e SUBMETER, que nos deixam arcadas. Quando a mulher entende a definição de Deus, não somente concordará em aceitá-la, mas também sentirá que o peso do mundo foi tirado de seus ombros.

Sim, sou apaixonada por isto! Quando as coisas ficam tão fora da proporção que Deus designou, como estão em nossa sociedade, então a única coisa que essa oportunidade e liberdade recentemente encontrada produzirá, é o lamento, justamente por aquelas que deveriam ter sido ajudadas. Então, como já declarei muitas vezes anteriormente, de uma vez por todas, nós precisamos aprender: O que é submissão bíblica e o que não é!

DIA 1 - MEDITAÇÃO
O QUE É VERSUS O QUE NÃO É - PARTE 1

É ponto pacífico que a maioria de nós, incluindo nossos maridos, têm compreendido mal a verdadeira submissão bíblica. Para entendermos de forma correta, precisamos cavar um pouco mais fundo que o de costume, garotas. Então, peguem suas Bíblias e preparem-se para raciocinar.

Leiam os versos seguintes. Na primeira coluna escrevam quem está recebendo a ordem. Na segunda, escrevam a quem se deve a submissão. Já fiz os primeiros como exemplos.

Versículo	A quem é ordenado...	...submeter-se a quem
1 Crônicas 29:23,24	Todo Israel e homens valentes	Rei Salomão
Efésios 6:5	Empregados	Empregadores
Lucas 2:51	Jesus	Os pais Dele
Salmo 18:43,44	O povo	Rei Davi
1 Coríntios 16:16	Crentes de Corínto	Ministros dos Santos
Efésios 5:21		
Efésios 5:22		
Efésios 5:24		
Colossenses 3:18		
Tito 2:5		
1 Pedro 2:13		
Efésios 6:1		
1 Pedro 3:5		
1 Pedro 3:22		
1 Pedro 5:5		
Hebreus 12:9		
Tiago 4:7		

Surpresas, garotas? As esposas certamente não são as únicas a quem a submissão é pedida! Até mesmo Jesus Se submeteu a Seus pais terrestres e Ele é Deus! Submissão não é admitir inferioridade; é um ato de amor e respeito à ordem de Deus para a sociedade.

DIA 1 - EXERCÍCIO PRÁTICO

Como você classificaria sua atitude de submissão? Essa questão já foi extremamente difícil para você no passado? Analise sua história por um momento para ter uma idéia exata de como você se classifica nessa área de sua vida. Marque todas as coisas que se aplicam a você em cada categoria.

Submissão à autoridade paterna:
- ✓ Ao crescer, você era rebelde com seus pais?
- ✓ Foi punida várias vezes pelo mesmo erro?
- ✓ Mentia para os pais regularmente?
- ✓ Gritava, brigava, ou batia boca com os pais?
- ✓ Você fazia birra para conseguir o que queria?
- ✓ Ameaçava ou usava outros meios de manipulação para conseguir o que queria?
- ✓ Você ameaçava fugir, etc.?

Submissão à autoridade governamental:
Você já teve ou tem regularmente:
- ✓ Conflitos com a lei?
- ✓ Multas de velocidade?
- ✓ Multas de estacionamento?
- ✓ Detenções e condenações?
- ✓ Ofensas repetidas?

Submissão às autoridades espirituais na igreja:
- ✓ Você tem conflitos mal resolvidos com professores, pastores, ou outros líderes?
- ✓ Já saiu de igrejas por causa desses conflitos?
- ✓ Já deixou igrejas por mais de uma ocasião por causa desses conflitos?
- ✓ Você tem espírito crítico quando são ensinadas coisas que você não gosta ou com que não concorda?
- ✓ Você tem espírito crítico acerca das maneiras que as coisas são feitas na igreja, tais como música, liderança, etc.?

Submissão a outros:
- ✓ Você tem conflitos com outros regularmente?
- ✓ Você está em constante conflito com familiares?
- ✓ Você tem dificuldades em manter amizades?
- ✓ Você abertamente se opõe a outros regularmente por opiniões diferentes em assuntos não tão importantes?
- ✓ Você é hostil com outros quando não concordam com você?
- ✓ Acha difícil achar um meio-termo com outros quando há discordâncias?

Submissão ao marido:
- ✓ Você discute com seu marido regularmente sobre questões de controle?
- ✓ Você discute frequentemente sobre a disciplina dos seus filhos?
- ✓ Você briga frequentemente sobre dinheiro?
- ✓ Você briga sobre questões espirituais?
- ✓ Você briga frequentemente sobre questões de intimidade física?
- ✓ Você ameaça seu marido para conseguir o que quer?
- ✓ Você manipula situações para conseguir o que quer?

Submissão a Deus:
- ✓ Você aceita a Bíblia como autoridade suprema em sua vida?
- ✓ Você muda seus hábitos quando a Palavra lhe mostra uma área em que você está em oposição?
- ✓ Você cria desculpas para o seu comportamento que não está de acordo com os ensinamentos bíblicos?
- ✓ Você frequenta a igreja regularmente?
- ✓ Você fica zangado ou na defensiva quando a questão de frequência à igreja é mencionada?
- ✓ Você sinceramente deseja conhecer e obedecer todos os mandamentos de Deus em Sua Palavra?

Aqui vai uma porção de sabedoria valiosa, garotas: Se vocês tiveram dificuldades com submissão e obediência aos seus pais ao crescer, e eles não conseguiram controlá-las com disciplina apropriada, então vocês também têm tido problemas com submissão em todas as outras áreas de suas vidas, incluindo seus relacionamentos com Deus e submissão a Ele, à Sua Palavra, e especialmente, ao seu marido.

Eu sei que é muito difícil escutar isso e mais difícil ainda é fazer! Mas se queremos experimentar a liberdade e alegria em nossas vidas da forma que Deus mesmo quer para nós, temos que ter essa área de nossas vidas sob o controle Dele!

Não titubeie! Continue lendo amanhã. Ficará mais fácil, eu prometo.

DIA 2 - MEDITAÇÃO
O QUE É VERSUS O QUE NÃO É - PARTE 2

Na Bíblia, as palavras submissão e obediência são usadas muitas vezes e de várias formas diferentes. Para vermos submissão no contexto das Escrituras, precisamos entender as diferentes formas em que o texto original do hebraico ou grego é traduzido para as palavras submissão e obediência no português.

Leia Salmo 106:42. O escritor deste verso se refere a uma submissão forçada, como em um ato de guerra. Uma das palavras hebraicas traduzida para este tipo de submissão demonstrada em um ato de guerra é a palavra hebraica *kana*.

Leia Hebreus 13:17. O tipo de submissão que se refere aqui é render-se às autoridades espirituais terrestres, tais como um pastor ou professor, e é traduzida como a palavra obedecer, e vem da palavra grega *hupeiko*.

Leia Efésios 6:1. Aqui a palavra grega *hopakou* é traduzida também como obedecer, mas se refere aos filhos obedecendo aos pais e é o tipo de obediência derivada de: aprendizagem, ou ser educado com fatos que resultam em obediência.

Leia Tito 2:5 novamente. A palavra grega aqui é *hupotasso* e refere-se a uma submissão voluntária, uma disponibilidade de coração para submeter-se em amor no propósito de obter uma maneira ordenada.

Vocês lembram dos versículos de ontem, meninas? Naqueles versículos a palavra grega traduzida para obediência ou submissão era a mesma palavra: *hupotasso*. Então, meninas, por que Deus nos manda sermos submissas aos nossos maridos?

Deus não está nos dizendo que somos menos valiosas, menos capazes ou espertas, ou menos qualquer coisa! Ele simplesmente está dizendo que precisa haver ordem neste mundo:
- Para as pessoas em geral em nosso país, estado e governo local;
- Para o local de trabalho: diretoria de assembléia, presidente, vice-presidente, supervisores regionais e gerentes locais;
- Para o lar: o marido, a esposa, e depois os filhos (e depois os animais de estimação!).

As mulheres com carreiras profissionais deveriam entender isso melhor que ninguém. A ordem de hierarquia é o que faz qualquer corporação funcionar de uma maneira ordeira. A pessoa mais inteligente não é necessariamente quem está à frente. Aquele que foi apontado pelo chefão da corporação para ser seu supervisor é aquele a quem você deve seguir, ou submeter-se.

Meu marido e eu já administramos vários pequenos negócios nos últimos 18 anos. Os problemas mais frustrantes que encontramos foram quando os empregados se recusaram a seguir os nossos planos de negócios e procedimentos que havíamos estabelecido. De fato, sempre acabou levando todos na corporação a sofrerem porque afetava a maneira como realizavam seu trabalho.

Muitas vezes esses empregados simplesmente pensavam que sabiam mais do que nós, então eles faziam as coisas à sua própria maneira. Às vezes eles achavam que eram mais espertos, mais inteligentes ou qualquer outra coisa. Mas independente das impressões de si mesmos, o efeito era o mesmo. Era insubmissão de qualquer forma, e causava prejuízo no planejamento corporativo, bem como no trabalho extra, estresse e divisão dentro de toda família corporativa. Eles não tinham todos os fatos, não sabiam de todos os perigos latentes, não estavam em sintonia com todos os objetivos, e portanto, não tinham como saber se o jeito deles era o melhor.

Muitas vezes as complicações e repercussões de seus atos eram grandes, e adivinhem quem acabava pagando pelos erros deles? Nós. Da mesma maneira, quando não seguimos a liderança de Deus apontando para nossa casa, a mesma coisa acontecerá. Acabaremos passando mais tempo apagando fogo causado pelas nossas ações destrutivas do que aproveitando os frutos de nosso trabalho.

Na nossa casa não é diferente. Deus é a Autoridade Suprema do universo e Ele escolheu o marido para ser o líder no lar. Portanto, nós temos que estar em submissão, não porque somos menos inteligentes, mas porque a Autoridade Suprema organizou o lar dessa maneira.

Deus não está nos dizendo para estarmos em submissão através de um ato de guerra, mesmo sendo o que acontece em muitos lares! Ele não nos diz para estarmos em submissão da mesma maneira que nossos filhos. Ele não nos diz para estarmos em submissão através da força; e Ele não diz aos nossos maridos para nos educarem em submissão. Ele está instruindo as esposas a voluntariamente se submeterem a seus maridos para que Ele, Deus, seja honrado através de um lar ordenado. Esse tipo de submissão tem que ser uma escolha consciente antes de ser uma ação!

Leia Lucas 2:51. Lembre-se que a palavra grega *hupotasso* é também a palavra usada para descrever a obediência de Cristo aos Seus pais. Ele não os obedecia por algo que eles tinham ensinado que O convenceu que Ele deveria fazê-lo. Melhor, Jesus os obedecia porque Ele escolheu submeter-se à ordem do Pai celestial para o lar. Uau! Jesus entendeu que obedecer aos Seus pais não indicava que eles eram mais inteligentes que Ele, mais capazes que Ele ou mais valiosos que Ele; indicava sim Sua sabedoria e segurança na Sua própria identidade, e ao desejo de Seu Pai para um lar ordenado!

Você é segura o suficiente na sua identidade em Cristo para ser submissa ao seu marido, sem se preocupar que alguém pense que você é menos inteligente, esperta, firme, capaz ou valiosa que seu marido? _____

Sim, senhora, essa pergunta requer uma resposta. Aposto que requer um pouco de reflexão também.

Quando você entender que posição neste mundo não necessariamente reflete valor ou inteligência, você estará finalmente livre para viver de tal maneira que agrade a Deus e a Ele somente. Não é quem está no topo da escada que importa mais; o que importa é se a escada está pendendo para o prédio correto!

Quando você entender isso, você estará livre para deixar de exigir os seus direitos, e de tentar ser o chefão, mas preferirá buscar a recompensa de fazer as coisas segundo o plano de Deus. Terá segurança ao fazê-lo por que entenderá que o caminho Dele é o melhor para você e lhe dará mais alegria, paz, contentamento e felicidade do que jamais o seu próprio caminho poderia!

Leia Provérbios 3:5-6 e escreva-os aqui:

_____
_____
_____
_____
_____

Aprenda a confiar em Deus mais do que no seu próprio entendimento! Ele quer que você experimente alegria e paz muito mais do que deseja para si mesma.

Jeremias 29:11 da NVI declara: "Porque eu sei os planos que tenho para você, diz o Senhor, planos de bem e não de mal, para lhe dar um futuro e uma esperança!"

Deus se preocupa mais com os resultados finais de nossas vidas do que qualquer incidente pequeno que aconteça hoje! Portanto, Ele faz questão que você aprenda a liberdade de submissão, que fará diferença em todos os dias de sua vida. Também fará uma diferença enorme no seu casamento, bem como na vida de seus filhos.

DIA 2 - EXERCÍCIO PRÁTICO

Ontem avaliamos o nosso nível de submissão.

Enquanto você aprendia mais da Palavra de Deus esta semana, o Senhor lhe apontou áreas que precisam de melhoras e de Seu toque? Você sentiu o peso de convicção? Se sim, escreva sua oração ao Senhor. Busque ajuda Dele e força ao direcionar as mudanças que Ele revela como sendo necessárias.

Lembre-se que Ele é fiel, e nos dará a força necessária para vencer essas áreas de fraqueza.

Agora, sobre aquelas áreas que você orou, liste as melhorias que podem ser feitas. Seja específica.

1. _____
2. _____
3. _____
4. _____
5. _____

Se estas áreas envolvem outras pessoas e conflitos, talvez você precise pedir perdão àqueles com quem teve conflitos, incluindo seu marido. Anote o nome de qualquer pessoa que Deus colocar em seu coração, com quem você precisa trabalhar para restaurar um relacionamento. _____
_____

Lembre-se: Você é responsável por obedecer às diretrizes de Deus, não importa o que os outros façam ou como eles reajam.

DIA 3 - MEDITAÇÃO
O QUE NÃO É VERSUS O QUE É - PARTE 3

No primeiro dia, aprendemos que Deus espera submissão de todos, em vários níveis.

Primeiro, temos que nos submeter a Deus. Todas as vezes que submissão a Deus é mencionada na Bíblia a palavra *hupotasso* é usada. Esta é a mesma palavra usada para nos ensinar a sermos submissas aos nossos maridos!

Você já questionou por que a maioria das mulheres parece não ter muita dificuldade em ser submissa às autoridades governamentais ou à autoridade de seus chefes no local de trabalho, e ainda assim ter enormes problemas com submissão aos seus maridos? Por quê?

Leia Gênesis 3:16. A Palavra de Deus revela que uma das repercussões da entrada do pecado em nossas vidas após a queda no Jardim do Éden foi que nossos maridos agora governariam sobre nós. Deus não disputou com Eva quando ela Lhe contou que a serpente a havia enganado e por isso comera o fruto. Porque ela foi enganada, Deus lhe deu um protetor que pudesse ajudá-la a cuidar de sua alma. A palavra hebraica traduzida aqui para governar é *machal*, e significa "governar ou ter o domínio". Deus não colocou Adão sobre ela porque ela era tola; Ele o colocou para governar sobre ela para trazer ordem e proteção à sua vida, bem como ordem à humanidade. Já que o pecado havia entrado em suas vidas, Deus sabia que agora lutariam com vontade própria, e alguma ordem tinha que ser estabelecida para que pudessem viver em paz. A batalha por controle, ou, a vontade própria, ainda continua hoje entre marido e mulher, e é por isso que ficamos "nos contorcendo" quando alguém sugere que temos que ser submissas aos nossos maridos.

Antes que pense sobre tudo que você gostaria de dizer para Eva quando chegar ao céu, pense sobre sua própria vida por um momento. Houve épocas em que você também foi enganada a ter um comportamento por circunstância e tentações que pareciam oferecer mais que Deus? O seu erro causou dores no coração e decepções? Ah! ...sobre aquela trave no meu próprio olho ...

Uma palavrinha para as sábias: Se você um dia vencer a batalha de desejos sobre seu marido, brigando com ele para que ele se submeta ao seu desejo, você sabe o que acontecerá? Você perderá todo respeito por ele, e acabará não sentindo mais nada a não ser desprezo por ele. Tenho visto isso acontecer direto. Seus filhos também perderão respeito por ele, e você perderá seu sistema de apoio como mãe. Você não mais terá como pedir-lhe auxílio como autoridade em casa para ajudá-la com a disciplina e outros problemas de educação. Seus filhos não respeitarão o próprio pai para obedecê-lo, e nem tampouco a respeitarão. Sentirão que se você, o modelo deles, não se submete à autoridade (seu marido), então por que eles deveriam se submeter à autoridade na vida deles?

Leia 1 Pedro 3:1-6. A quem Pedro levanta como nosso modelo de esposa submissa? _____ Por quê? _____

De acordo com esta passagem, a razão pela qual Sara é o nosso exemplo é:

1. Ela tinha um espírito manso e gentil.
2. Ela confiava em Deus.
3. Ela era submissa ao marido dela.

Em quase toda a minha vida, fui ensinada que a razão pela qual Sara é apontada como modelo de submissão era devido à sua obediência quando Abraão a mandou para o Egito, dizendo ser ela sua irmã e não sua esposa. Entretanto, eu tenho dificuldades com esta teoria porque, de acordo com as Escrituras, uma mulher não deve se submeter ao marido se ele lhe pede algo que é contrário à Palavra de Deus. Mesmo sendo Sara meia-irmã de Abraão, ela também era a esposa dele, e portanto, não era obrigada por lei a obedecê-lo em sua mentira e não protegê-la devido a seu próprio medo. Em outras palavras, ela não seria julgada como desobediente se não tivesse obedecido a Abraão no seu pedido.

O que sabemos é que Sara simplesmente confiou em Deus para protegê-la quando seu marido não estava disposto a fazê-lo! Que testemunho! Creio que esta é a principal razão que ela foi apontada como exemplo!

Este, minha amiga, é o segredo da verdadeira submissão ao nosso marido. Quando pudermos finalmente compreender, de uma vez por todas, que nossa submissão é a Deus e que Ele nos protegerá, então seremos livres para nos submeter a nossos maridos! Isto é o que nos dará confiança e paz para soltarmos as rédeas de controle e não ficarmos com medo do que acontecerá se nosso marido tomar uma decisão que é ruim para nós ou nossa família.

Veja você, Deus também está no controle do seu marido e Ele vê todas as coisas, incluindo os erros dele. Ele vê tanto os erros de entendimento (sem maldade), como os propositais, feitos por rebelião, medo ou simplesmente maldade. Assim como Ele cuidou de Sara quando Abraão cometeu um erro "grandão", Ele cuidará de você, mas primeiro você precisa confiar Nele!

AGORA, O QUE NÃO É SUBMISSÃO...

Submissão não é ser inferior! Leia Gálatas 3:28.
Por causa de Cristo, e do que Ele fez na cruz, nós agora somos _____!
Agora nós somos iguais em Cristo! Submissão não tem nada a ver com nosso valor como ser humano, mas tem a ver com a autoridade que governa a casa, e esta ordem preestabelecida.

Submissão não é ser um capacho! Leia Tito 2:15.
Ao viver pelos ensinamentos do Senhor, não deixe que ninguém a despreze. A palavra grega traduzida aqui como desprezo é a palavra *periphroneo*, e significa "depreciar". A Palavra nos ensina a verdadeira submissão em tudo, então se alguém (incluindo você mesma!) tenta depreciar o valor que Deus dá a você, você deve repreendê-lo com a verdade da Palavra de Deus.

Leia Gênesis 21:9-13. Como mostra o nosso exemplo de Sara, ela era submissa mas não era capacho! Ela tinha uma personalidade forte! Quando Hagar começou a perturbá-la sobre a gravidez, Sara lidou duramente com ela. Sara lhe deu uma segunda chance, e ela novamente a desprezou, então foi mandada embora para sempre. Esta, minha amiga, não é nenhum capacho!

Submissão não é guardar suas opiniões sempre com você!

Leia Gênesis 16:1-6. Abraão muitas vezes prestava atenção aos conselhos de Sara. Mesmo uma vez quando ela queria mandar Hagar embora e Abraão não queria, Deus interveio e disse a Abraão para escutá-la e dar ouvido ao seu conselho (Gênesis 21:12). Ela também esteve errada em uma ocasião quando sua fé falhou, e ela decidiu resolver a situação por si mesma, para dar um filho a Abraão. Ela com certeza se arrependeu daquele pequeno incidente! Precisamos tomar cuidado para não pensar que nossas opiniões são sempre as corretas!

Também, ela participava ativamente da administração de sua casa. Para corrigir outro mau conceito de submissão entenda: Nós não temos que aceitar abuso físico em nome da submissão! Deus nunca pretendeu que uma mulher ficasse com uma pessoa que lhe abusasse fisicamente. Esta mulher deve deixar a casa imediatamente e buscar conselho para ver qual a melhor medida a ser tomada. O auxílio deve estar disponível através da igreja local. Se não tiver, entre em contato com o abrigo de mulheres mais próximo de você para pedir apoio.

FINALMENTE, SUBMISSÃO É...

Quando você respeitosamente deu ao seu marido sua opinião sobre uma questão, e a decisão dele foi seguir um curso diferente de ação, então para estar alinhada com a Palavra de Deus, você tem que submeter-se à decisão dele.

Às vezes você tem que simplesmente concordar com as descordâncias. Quando o fizer, lembre-se do que a autora Marabel Morgan diz: "Quando você não conseguir apoiar o plano, ainda assim apóie seu homem!"

DIA 4 - MEDITAÇÃO
O QUE NÃO É VERSUS O QUE É - PARTE 4

Leia 1 Pedro 3:1-7. Eu amo esses versículos!

No final de outubro e início de novembro de 2001, quando eu estava começando a escrever este estudo, estava com minha mãe nas suas últimas semanas na Terra enquanto ela lutava contra um câncer ovariano. Ela havia lutado contra a doença durante 12 meses, e quando pensava que estava para vencê-la, foi dado um golpe rápido e final que a mandou para casa para estar com Jesus em 15 de novembro.

Que choque! Apenas 4 semanas antes os médicos haviam dito que ela estava finalmente se restabelecendo. As longas pelejas com quimioterapia e cirurgia pareciam ter finalmente acabado. Ela sobreviveria por alguns anos e poderia ver seus bisnetos crescerem. Ela teria mais alguns anos para passar comigo, que antes morava bem distante, e aproveitar um novo tempo já que eu não estava mais trabalhando tempo integral. Teríamos mais tempo para curtirmos uma à outra, tempo para consertarmos qualquer coisa que porventura precisasse de conserto, tempo para estarmos juntas. Porém, este tempo nunca aconteceu.

Ao sentar ao seu lado naquelas últimas horas e dias, revivi memórias de tempos passados, tanto ruins quanto boas, lições ensinadas e aprendidas, outras ensinadas, mas não tão bem aprendidas. Uma lição em particular foi sobre a submissão de esposa, mas esta história talvez não será exatamente o que você espera.

Veja você, por muitos anos minha mãe não falava sobre o Senhor ou Seus caminhos. Por muitos anos, eu nem tinha certeza se ela era cristã ou não, não pelo seu estilo de vida, mas porque ela não falava sobre isso e quase não ia à igreja. Após me converter em 1972, eu estava faminta por crescimento, por ensinamento e pela Palavra. Eu queria saber o que Deus esperava de mim, e como satisfazer Suas expectativas.

Uma das primeiras coisas que eu escutei foi sobre esse negócio da submissão de esposa. Entenda, eu era o tipo de garota bem independente e extrovertida, e conduzia a minha nova fé como fazia com a maioria das outras coisas em minha vida: com muito gosto! Eu queria ler tudo que chegasse às minhas mãos de uma só vez; eu queria participar de todos os ministérios e eventos da igreja. Também gostava de tomar minhas próprias decisões sozinha.

E o meu marido também. Aí estava o problema. Nesse ponto houve batalhas que levaram à guerra. Eu estava impelida, aberta, pronta para continuar com minha nova fé. Eu queria que meu casamento, filhos e lar refletissem o perfeito exemplo do que Deus queria de nós, e tinha certeza que estava aprendendo tudo muito mais rápido do que meu lerdo e especulativo marido. Eu queria isto para "hoje" e ele queria mastigar e digerir vagarosamente. Foi neste cenário que o assunto de submissão ergueu sua cabeça feia.

"Deus, não era bem isso que eu tinha em mente! Quero que façamos Tua obra agora, e toda ela!" Eu pensava que tudo que escutava do púlpito era direcionado para mim. Toda vez que o pastor fazia uma chamada por um novo obreiro em qualquer ministério, eu achava que tinha que preencher a vaga. Senhor, por que meu marido não está pulando nesse vagão de atividade? Eu devo estar crescendo mais rápido que ele. Significa que eu sou mais espiritual? Sendo assim, não sou eu que deveria governar esta casa? (Ah, como nós nos desviamos tão rapidamente!)

"E minha mãe, não deve ser cristã porque ela não fala sobre Deus!"

Semana 12: Senhor, Sou tão Esperta quanto Ele, por que Ele tem que Ser o Chefe?

Nosso pastor havia dito que se você fosse cristão, você falaria para os outros. Ele também havia dito que uma mulher submissa nunca deve bater boca com o marido, nunca questionar suas decisões, e, nunca, nunca expressar suas opiniões! (Eu tentei guardar as minhas para mim, realmente eu tentei.) Minha mãe não tinha dificuldades de expressar as suas opiniões para meu pai, e às vezes ela reclamava sobre ele, então eu entendi que ela não era uma mulher submissa também.

Bem, graças ao Senhor, Ele não havia terminado comigo ainda; e através dos anos, através de ensinamentos menos legalistas e mais equilibrados, eu pude aprender a verdade sobre submissão bíblica. Eu até aprendi a amá-la. Mesmo com o crescimento que experimentei nessa área, e com o entendimento que tive mais tarde que, de fato, minha mãe conhecia a Jesus como seu Salvador e Senhor pessoal, eu nunca, antes da sua morte, mudei meu pensamento sobre ela no sentido de achá-la uma esposa não submissa.

Quer dizer, até 3h30 da madrugada, em 15 de novembro de 2001, mais ou menos uma hora após eu ter assistido o espírito de minha mãe partir para estar com Jesus.

Ao sentarmos na mesa da cozinha, em choque e com o coração partido e dolorido, peguei a Bíblia da minha mãe, a Bíblia Viva (Versão parafraseada) e li exatamente onde eu tinha parado horas antes, na preparação para esta exata lição: 1 Pedro 3:1-7. Eu havia deixado minha Bíblia de estudo em casa naquele dia, e nunca tinha lido esta passagem nesta versão antes. Quando meu marido perguntou o que eu estava lendo, ele mesmo pegou de mim e leu em alta voz:

"Esposas, acomodem-se aos planos de seus maridos; porque assim, se eles se recusarem a prestar atenção quando vocês lhes falarem a respeito do Senhor, serão ganhos pelo comportamento respeitoso e puro de vocês, a vida piedosa de vocês lhes falará melhor do que quaisquer palavras. Não se preocupem com a beleza exterior que depende de jóias, ou de roupas bonitas, ou de penteados. Sejam belas interiormente, em seus corações, com o encanto duradouro de um espírito amável e manso, que é tão precioso para Deus. Esse tipo de beleza interior foi o que se viu nas santas mulheres do passado, as quais confiavam em Deus e se acomodavam aos planos dos maridos. Sara, por exemplo, obedecia ao seu esposo Abraão, respeitando-o como o cabeça da casa. E vocês, se fizerem o mesmo, estarão seguindo nos passos dela, como boas filhas, e fazendo o bem; assim vocês não precisarão ter medo (de ofender aos seus esposos)."

Depois de ler o texto, meu marido olhou para mim e disse: "Essa é a descrição perfeita de sua mãe". Imediatamente eu chorei, percebendo que durante todos aqueles anos, bem à frente dos meus olhos, eu tinha visto a submissão bíblica em prática, diariamente, ano após ano, sem reconhecê-la. Em todo aquele tempo havia tentado aprender e entender o que era, e estava bem ali, debaixo do meu nariz!

Já que meu pai era crente, ela não teve que se preocupar sobre levá-lo ao Senhor, mas ela certamente honrou o meu pai como cabeça de nossa casa, e certamente acomodou-se aos planos dele! Quantas vezes nós procuramos entendimento em todo lugar debaixo do sol, quando Deus coloca-o bem ali debaixo de nosso nariz, ano após ano. Muitas vezes nós somos tão duros com aqueles mais próximos de nós que nem conseguimos ver os bons exemplos que vivem a cada dia! Como é fácil criticarmos as imperfeições insignificantes de nossos modelos, e deixamos de ver a Palavra de Deus em ação bem diante de nossos olhos! Eu disse a ela antes dela partir o quanto a amava e a apreciava e que mãe maravilhosa ela era; pedi a Jesus que lhe dissesse o quanto eu apreciava o exemplo de submissão e quanto me empenhava para segui-la em minha própria vida, e para agora ensinar a vocês. Peço a Deus que o legado dela viva.

Ela era um exemplo de submissão de maneiras práticas e simples. Quando o emprego de meu pai requisitou que saíssemos da única cidade que ela conhecia, longe de seus pais, irmãos e irmãs, ela entusiasticamente mudou-se. Quando o emprego requisitou que ele mudasse antes de nós, ela aceitou. Naquele novo lugar ela encontrou a pessoa que seria sua melhor amiga por muitos anos. Quando, apenas dois anos mais tarde, novamente tivemos que nos mudar e ela teve que deixar aquela amiga, ela novamente aceitou com boa vontade.

Ela se acomodou aos planos de seu marido. Ela o apoiava em sua tentativa de sustentar a nossa família financeiramente. Ela apreciava o trabalho dele. E mesmo sendo conhecida por todos como uma mulher dinâmica, até meio briguenta, ela tinha um espírito gentil e quieto em seu apoio e submissão ao marido. Até mesmo seu próprio pastor não a entendeu corretamente quando a descreveu durante o funeral. Ele tinha acabado de descrever o espírito dinâmico dela, sua personalidade salpicada com "pimenta", quando ele disse "enquanto a Lois não era aquele tipo submissa, ela sempre se acomodava aos planos do marido". Até ele não entendia que uma mulher que escolhe se acomodar aos planos do seu marido, mesmo com uma personalidade um pouco "apimentada", está, de fato, demonstrando a submissão bíblica.

Isto é submissão. É submissão dada livremente, que é a definição de *hupotasso*, traduzido como submissão em 1 Pedro 3:1.

E você? Se acomoda aos planos de seu marido? Você se submete, de livre e espontânea vontade à liderança dele, mesmo que isso lhe custe algo pessoalmente? Mesmo quando você discorda do plano dele?

Leia 1 Pedro 3:7 novamente. Eu falei sobre o exemplo de submissão de minha mãe; agora quero contar a você sua recompensa: o versículo 7 descreve perfeitamente meu pai. Tenho que pensar que uma das razões que ele a tratou com tal honra, respeito e compreensão durante o seu casamento era por causa da disponibilidade dela de lhe ser submissa e acomodar-se aos seus planos. Nenhum marido poderia tratar sua mulher com mais honra e compreensão do que ele demonstrava a ela. Quando ela morreu, ele ficou desolado com a perda e lamentou por ela. Estiveram juntos por 54 anos.

Provérbios 31:28 diz: Verdadeiramente os filhos dela se levantarão e a chamarão bem-aventurada, e também o marido dela.

E nós o fizemos. Eu não lhes conto a história deles para exaltá-los acima do Senhor, mas para exaltar ainda mais o nosso Deus poderoso, maravilhoso e fiel à Sua Palavra. Ele cumpre as Suas promessas! Descanse Nele. Esteja em submissão a Ele. Obedeça-O e seja fiel em seu serviço a Ele. Ele cumprirá Suas promessas a você também!

Minha mãe não foi uma mulher perfeita; tampouco sua filha o é! Mas ela foi discreta; ela amava seu marido e sua filha; ela foi uma excelente dona de casa, e na área de submissão foi um exemplo vivo, maravilhoso e fiel de como Deus trabalha na vida das pessoas quando elas obedecem os Seus ensinamentos. Eu agradeço a Ele profunda e humildemente por ter me dado o presente da mãe de Tito 2. Que todas nós possamos aprender com o exemplo dela!

Nota de rodapé, escrita em junho de 2003:

Quando eu escrevi este capítulo originalmente, meu pai estava sofrendo, enlutado pela perda de minha mãe. Eu pensei que o tempo curaria seu coração e que eventualmente teria meu pai de volta ao normal. Não foi isso que aconteceu. Somente 8 semanas após ter sido diagnosticado com câncer de pulmão, falha do coração e várias outras condições debilitantes, meu pai deixou a gente para estar com o Senhor, em 26 de março de 2003. O fato mais intrigante foi: os médicos disseram que ele provavelmente tinha a falha há 4 anos, e o câncer provavelmente por 2 anos. O tempo inteiro que cuidou de minha mãe (e ele insistiu muito nisso), ele estava doente, sem dizer a ninguém. Ele foi um homem forte, que amou a sua esposa com amor do Senhor.

DIA 5 - MEDITAÇÃO
AGORA O PORQUÊ!

Mais uma vez, pela última vez neste estudo, leia Tito 2:3-5.

Desde o início deste estudo, nós temos lido e relido, vez após vez, Tito 2:3-5. Aprendemos em detalhes sobre cada instrução que o Senhor nos dá, como mulheres, nesta passagem.

Em primeiro lugar, encaramos o fato de parecer que vivemos vidas corridas demais, e muito do que Deus deseja para nós tem se perdido em nossas vidas ocupadas.

Em seguida, aprendemos o que significa ser filhas do Rei, uma filha adotada no Reino, através do sacrifício e amor do nosso Salvador e Senhor Jesus Cristo.

Aprendemos a crer nas Suas promessas e esperar a ajuda de Deus quando convidamos o Espírito Santo para fazer Seu trabalho em nossa vida, enquanto buscamos praticar o que Ele ensina.

Aprendemos o que significa amar nossos maridos incondicionalmente, afetuosamente e através da expressão sexual.

No passo seguinte, aprendemos a amar os nossos filhos através de carinho, educação e disciplina, bem como através das cinco linguagens de amor.

Falando em disciplina, estudamos sobre o que significa ter disciplina em nossas próprias vidas, especialmente na área de controle emocional e discrição.

"Vivendo a vida louca" ensinou-nos a sermos fortes e vigilantes enquanto buscamos ser sóbrias neste mundo de luxúria e perversões.

Descobrimos o verdadeiro valor da encarregada do lar. Examinamos como trazer sob controle tarefas e desafios cotidianos de uma encarregada do lar para podermos controlar nosso trabalho de casa e não deixar que ele nos controle.

Adquirimos uma nova apreciação pela importância das nossas atitudes no lar. Elas contagiam a todos em nosso redor.

E nesta última semana, aprender sobre submissão foi a nossa alegria. Aprendemos que se tivermos primeiramente fé suficiente para sermos submissas ao Senhor, então a submissão aos nossos maridos não trará nenhuma ameaça à nossa individualidade. De fato, seremos livres para sermos a mulher que Deus pretende que sejamos. Esta lição trará a maior alegria da nossa vida.

Porque tomamos tanto tempo, e nos esforçamos tanto, para aprendermos tudo isso? Ache sua resposta na última frase do verso 5._____

_____

Há uma razão muito importante para aprender todas estas coisas? Sim. Aprendemos para que nós e nossas famílias possamos experimentar toda a alegria que Deus tem para nós. E também, aprendemos porque são mandamentos de Deus. Mas a maior razão pela qual nós aprendemos a ser e fazer todas essas coisas é para que nós não envergonhemos o nome do Senhor, para que não blasfememos a Palavra de Deus.

A Palavra grega para blasfemar é a palavra *blasphemio* e significa "caluniar, difamar, xingar, insultar, falar mal de."

Você percebeu que quando não seguimos os ensinamentos desta passagem, levamos os outros a olhar o nosso Senhor como um vilão? Levamos os outros a difamá-Lo e insultá-Lo? Levamos os outros a falar mal Dele!

Meu coração se despedaça ao pensar que posso levar alguém a falar mal do meu Senhor! Oh Deus, livra-me de tal vergonha!

Semana 12: Senhor, Sou tão Esperta quanto Ele, por que Ele tem que Ser o Chefe?

Leia 1 Coríntios 8:9.
O que diz que representaremos para outras pessoas mais fracas (espiritualmente), se não obedecemos aos ensinamentos de Deus em nossa vida?

_____

Espero que você entenda que a sua desobediência será um ponto de tropeço para outros, enquanto a sua obediência nessas questões será usada por Ele para testemunho e encorajamento para outros que buscam viver para Deus!

*Que Deus a abençoe
enquanto você aplica
Sua Palavra santa e rica à sua vida!*

Declaração de Missão

Nossa missão é alcançar famílias com a Palavra
e a mensagem de esperança encontrada em Jesus Cristo.
Dedicamo-nos, sem reservas, a ser um
sistema de apoio as mães, esposas e avós

ao oferecer

encorajamento,
educação e treinamento prático
as mulheres modernas
que tantas vezes se sentem
VIVENDO NUM ZOOLÓGICO, e necessitam de
esperança no coração,
ajuda no casamento e
harmonia no lar
para RETOMAR A SUA FAMÍLIA.

ZOOKEEPERS Ministries
Brenda Lancaster
3600 S Rockingham Rd,
Greensboro, NC 27407
brenda.zookeepers@gmail.com

©2008 por Brenda Lancaster.
    Todos os direitos reservados. Nenhuma parte dessa publicação pode ser reproduzida, guardada em sistema de arquivo, ou transmitida de qualquer maneira por quaisquer meios - eletrônico, mecânico, fotocópia, gravação ou qualquer outro - sem a permissão prévia do detentor de direitos autorais, exceto aquele fornecido pela Lei de Direitos Autorais dos EUA.

www.ingramcontent.com/pod-product-compliance
Lightning Source LLC
Chambersburg PA
CBHW081744100526
44592CB00015B/2293